薩提爾的親密修復練習

王俊華——著

如果你過於恐懼一件事，

它就會變成龐大的、漫無邊際的烏雲將你吞噬；

相反的，如果你找到內心的勇氣，

直視它，可能還是會不舒服，還是會很痛苦，

但它就會變得有形、具體並因此可以控制。

專家推薦

幸福的家庭是幸福的國家的基石。幸福的家庭依賴於和諧的婚姻關係。王俊華這本書是一份十分有益的指導，有助於諮商師和夫妻解決既往的傷害、失望和分歧，建設幸福的婚姻。

研究表明，幸福的婚姻是父母送給孩子最好的禮物。這本書將幫助您更好地瞭解自己，更好地瞭解伴侶，改善彼此之間的關係。

這本書的理論基礎來自薩提爾模式。薩提爾模式重視家庭和家庭中的父母，同時也鼓勵夫妻之間培養和諧的關係。

作者以一種平衡、有益和可操作的方式展現了諮商的過程和來訪者的心路歷程，使每個讀者都能以此為指導，實現人生的重大轉變。她提倡人們對自己的內在生命肩負起更大的責任，並建設更加真誠的婚姻關係。如果您正在幫助他人或自己建設更幸福的婚姻關係，那麼我推薦您讀一讀這本書。

——約翰．貝曼博士（國際知名薩提爾導師）

薩提爾女士相信：「我們因相似而連結，因相異而成長。」然而，在現實中，許多伴侶卻是因相異而衝突、分離，當兩個不同的人，從各自的原生家庭走來、相遇在一起，組織一個全新的新生家庭，如何成為「我們」，經營出一份深厚潤澤的關係，是親密關係中的修煉。

本書以故事做為引線，走入這些故事，就像走進作者的晤談室，只有讀者與作者，安全而放鬆，作者的提問經常穿透書本，撞進我的內在，開啟我對自己更多的覺察。案例結合理論的書寫，深入淺出，更接地氣，架構清楚明確，想要遇見完整的自己，親密關係無疑是其中一個入口，誠摯的推薦大家這本書。

——何亞芸（家庭關係講師）

冰山理論中的應對姿態，對於我個人的成長相當有幫助；我也因為常能連結內在渴望，而充滿歡喜。這麼好的思想，衷心推薦給您！

——洪仲清（臨床心理師）

薩提爾模式的精神是真誠一致的連結，從學習與自己連結到真正能與伴侶連結。本書能提供好奇的朋友們，窺見人們如何學會享受親密關係的美麗旅程。

——孫柏鈞（希望心靈診所院長、薩提爾模式專業訓練講師）

作者以大量案例具體示範了薩提爾諮商師的柔軟陪伴，和對個案真誠一致的相信。相信每個人裡面都蘊涵極豐富的寶藏，也相信如果當事人對於溝通姿態與內在渴望有更深的覺察，親密之舞和看待彼此的眼光，也可能有所不同。

——張璇（諮商心理師、自由時報婚姻專欄作家）

必讀！薩提爾模式是我學過最重要的諮商技巧之一。不論你是心理相關助人者，還是在婚姻裡游移不定的人，作者陪伴一對對夫妻走出風暴的經驗分享，提供更多覺察的可能！幸福婚姻是所有成功家庭的基石，方法就在此，等你來深入發掘。

——麥儷馨 Lily Mai（諮商心理師、Lily 的兩性關係診療室）

自序

你對自己的親密關係滿意嗎？

如果不滿意，你認為主要是誰造成的呢？

對於第一個問題，我想，常年居高不下的離婚率可以算是一種回應吧。對於第二個問題，你仔細留意就會發現很多人用以下的句型回答：「他這個人……」、「因為她……」一如在諮商室裡經常發生的。

總結起來的意思大概是「都是對方造成的」，或者主要是對方造成的，責任該由他承擔，他才是「罪魁禍首」。

既然如此，改善關係的途徑當然是要改變對方：要嘛我要求你改變，要嘛找更有影響力的人讓你改變。好像幸福快樂的鑰匙在對方手裡，他無論如何都要交出來。

結果常常失敗，除非他自己願意改變。

問題出在哪裡呢？我們都在尋找答案。

生活中的每個人都有自己的答案，心理學家、婚姻專家甚至靈性大師那裡也有答案。一個基本的結論是：鑰匙在「你」的手裡。親密關係是一個修行場，借由這份關係，每個人可以更加瞭解自己，療癒自己，在這裡學習和成長，通過這樣的自我追尋，最終尋找到真愛。正如薩提爾模式國際導師瑪莉亞・葛莫利（Maria Gomori）曾在一次工作坊中，對一位渴望親密關係的女士所說的：「先愛自己，讓自己發光，只有如此，你才有可能得到真愛。」

那麼，怎樣才能「讓自己發光」？從哪些方面去覺察、調整、改變和提升自己，才有可能成就一份溫馨而穩固的親密關係呢？

這正是本書想要努力嘗試回答的問題。

薩提爾模式的「冰山」隱喻認為，我們每個人都像一座漂浮在海面上的巨大冰山體，能夠被外界看到的行為或應對方式，只是露在水面之上的很小的一部分，暗藏在海平面之下更大的山體，才是我們真實而豐富的內在。比如：感受和情緒，情緒是感受的外化；感受的感受，即對感受的評價和態度；想法、觀點、信念、對事情的解讀等；期待，不管是對別人的還是對自己的；渴望，即內心真正想要的東西；以及我們核心的生命力和生命能量。

「冰山」隱喻是一個很好的自我覺察工具，儘管我們沒有意識到，但正是因為我們帶著「冰山」的這些層面進入親密關係，在某一個或好幾個層面出現了「盲點」，才造成了親密關係的困境。此外，每個人都會把自己的人際關係帶入親密關係，比如和父母、和孩子的關係，也都會產生影響。

本書據此分設章節。第一章〈覺察你的應對姿態〉；第二章〈學會做情緒的主人〉；第三章〈突破你的限制性信念〉；第四章〈調整你的高期待〉；第五章〈親密關係才是家庭主角〉。

本書採取心理諮商小說的形式，每章前半部是數個心理諮商案例，這樣做為的是使文章更有故事性、畫面感、邏輯性；還有一個重要的目的是，方便讀者跟隨諮商師和案主的互動過程，體驗自己的內在歷程。

每章後半部是「諮商師解讀」，在案例的基礎上，運用薩提爾模式解讀「盲點」。如觀點、想法和信念如何影響了親密關係、這些限制性信念的特點是什麼、如何覺察和鬆動這些限制性的觀點和信念等等。如果說前面的案例是個性化的問題，這裡則是共通性的部分；如果說前面是虛構的小說，這裡則是應用層面的討論。

「冰山」是一個系統，每個人內在的這些層面緊密聯繫在一起，相互影響；本書把它們單獨設章，只是為了敘述和理解的方便。實際上，每一章所謂的「盲點」都是相對的，就好像一臺複雜的機器，一個部件卡住，其他的部分也很難運轉順暢。

如果你碰巧打開了這本書，如果你願意，希望我能有此榮幸，陪伴你，一步一步探索你內在多彩的空間，在那裡停下來「靜觀」：你親密關係雙人舞的舞步是怎樣的、情緒的訊息裡說了什麼、你有沒有「畫地自限」、有沒有「看不見的玻璃天花板」……讓我們給自己一個契機，開啟一次探索內在冰山、成為更好自己的旅程。

王俊華

Contents

第一章

覺察你的應對姿態

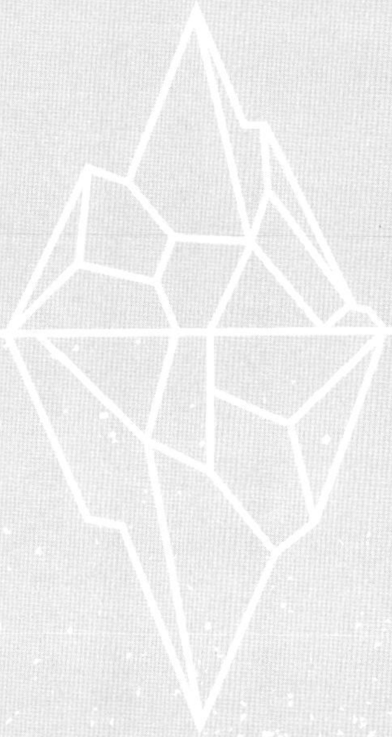

案例1

討好要不來真的親密

成熟的愛情，是在保留自己完整性和獨立性，也就是保持自己個性的條件下，與他人合而為一。

——佛洛姆（Erich Fromm）

我受夠他了！

方芬坐在我斜對面，靜默中帶有一份沉重。她是一位知性、優雅的老師，說出的第一句話是：「我受夠他了，不想再繼續了。」

她的語氣平淡，似乎和說「今天天氣不太好」沒有什麼兩樣。

我讓她先放鬆身體，調整呼吸，和自己的內心接觸；同時，營造一個安全、支持的氛圍，讓她感到踏實，以便放開自己。

然後問她：「你說受夠的那個人，是你丈夫嗎？」

她點點頭：「是。」

我繼續問：「『不想再繼續了』，想要怎樣？」

她苦笑著說：「已經沒救了。唉！還是想來找您，看看還有沒有挽救的方法。」

我們把諮商的目標設定在改善她和丈夫明遠的關係上。

我釋出我的善意，邀請她：「和我說說看你受夠了哪些吧，讓我瞭解你們。」

方芬長長地嘆了一口氣：「真是一言難盡！結婚十幾年，那些亂七八糟的事情，多到我都懶得說。」

然後，她坐在那裡斟酌了很長時間，斷斷續續地說了如下情況：

「他有時候罵起人來真的很過分，特別羞辱人，什麼『廢物』、『智障』、『賤貨』、『白癡』、『你還有臉活著啊？』這樣的話張口就來；即使當著很多人的面，他也好像一點都不在乎，只圖自己爽快。

「我們兩個只要吵架，肢體衝突也是常有的事，他出力不算大，但我也不能占到什麼便宜。

「我們家幾乎所有的事情都是他直接決定的，大到把他父母接來看病、買大型家具，比如他在大賣場看中一套八萬元的沙發，直接就買回來……小到抱回一隻紅貴賓、流浪貓，要我好好養，他卻什麼都不管。屬於我的東西，他擅自處理連招呼都不打，比如我們搬來城裡以後，我們在老家的房子，他沒和我商量就讓他弟弟住了；更讓我生氣的是，我結婚時父母給我的嫁妝，桌子、櫃子、洗衣機等，他也私自分給了他的弟弟妹妹。我一生氣，他就說那是幫我解除後顧之憂，說我斤斤計較、心眼比針還小……

「我最難以忍受的是，他連我的人際關係、時間安排都要干涉，比如，別人想拜託我幫忙，我還不知道內容呢，他就一口答應下來『沒問題』；他老家有事需要回去一趟，他直接就幫我買了我的火車票；他們公司辦活動，他問都不問我和女兒，就報名全家參加，週五加週末，我和女兒都還要上課呢……」

十幾年下來，該是怎樣的感受。

我問方芬：「這麼長時間，這些對你來講意味著什麼？」

她面色顯得很沉重，邊說邊嘆氣：「我覺得，活得很屈辱，不被尊重，很壓抑，很委屈，很沒有自我，用現在的話說，沒有存在感……內心很憤怒。

「我常常想，是我才這樣忍著，換作別的任何一個人，都難以忍受他這樣。現在，我也不想再忍讓下去了，太難受了。我現在都有回家恐懼症了，稍微有點什麼事，一想到要面對他，心裡就砰砰亂跳，非常緊張，不知道接下來會發生什麼。」

看著她那張因極力控制自己的情緒而微微扭曲的臉，我語氣溫和地邀請她：「此刻，在這裡，請允許自己觸碰內心的感受，不管那是什麼，都是允許的。」

她一邊說著「真的不習慣在別人面前哭」，一邊用手擦去眼角的淚水。我把面紙盒遞給她：「今天可以破例一次。」

她先是一把鼻涕一把眼淚地用了很多面紙，然後，閉上眼睛把臉埋在雙手裡很長時間，最後抬起頭，長長地嘆了口氣，對我說：「胸口不那麼悶了。」

我怎麼在討好他呢？

我說：「聽得出來，你很善良、很隱忍、很寬容，心裡有自己的原則和界限，也為此努力過。」

方芬點點頭：「是，我和他吵過、鬧過、歇斯底里地崩潰過，甚至還瘋了一樣地和他打過架……」可都沒有什麼用，如今，她黔驢技窮了。

婚姻關係需要兩個人共同參與，此進彼退，親密關係的舞步才能得以延續。我表達了我的疑問：「你們倆這麼多年一直無法改變這樣的互動，我想知道，他做了你說的這些行為之後，你是如何應對的，這種關係是怎麼持續到現在的？」

看方芬對這個問題有點困惑，我說得再具體一點：「這樣說吧，比如，他不經你們同意就報名全家一起參加公司的活動，後來發生了什麼事？結果是怎樣呢？」

方芬記得很清楚：「我很生氣，說你總是這樣，也不提前通知我一聲，我和女兒還有課呢，你自己去吧！

「他又是那一套歪理，回我：『那算什麼理由，和別的老師調課不就行了？孩子才小學三年級，內容聽不聽都沒差，你請假吧，回來我再幫她補課。這次活動對我很重要……』」方芬兩手一攤：「他就是這樣的人，強詞奪理，讓我每次一句反駁的話都說不出來。」

「然後呢？」我問。

方芬看著我，一臉的無奈：「然後……然後我們就參加了啊。」看她的眼神，好像在問：「難道還有別的選擇嗎？」

我在這裡有意識地停頓了一會兒，然後問她：「這是你們通常的互動模式嗎？他提出無理要求，你生氣，他比你還生氣，強詞奪理……最後你屈服？」

方芬基本上同意，說有時候動作更大，會哭、鬧、罵他甚至打他，但最後「的確是我屈服」。

我說：「我想好奇地問一下，你哭、鬧、罵、打他的時候，你的動作、眼神、表情等，看起來是什麼樣子的？比如是很堅決、有力量、決不允許你有下次的那種；還是像受了委屈的孩子，哭鬧一陣，發洩一番，然後還是乖乖聽話？」

我接著向她演示，制止某人打人時，我用力抓住他的手，看著他的眼睛語氣堅定地告訴他：「你有什麼不滿意的，可以說出來，但不可以打人。」

方芬不好意思地承認：「是像小孩子那樣的，很生氣，但也很無助。」

婚姻關係裡，也有需要設立界限、捍衛底線的時候。對方一旦觸碰到底線，比如，可能是暴力，也可能是婚外情，一定會採取行動展現自己的權利和尊嚴。

我問她：「你剛才說，換作別人都不會這樣忍受他，這麼多年你卻可以，對此，你怎麼看？」

她不置可否，好像問我，更像問自己：「我……應該也是有底線的吧？」

可是她無法想起具體的事件來證明這一點。

我說：「我只是猜測，也許你心裡有，但幾乎沒有真正表現出來過，所以他也不知道。於是，你們就這樣一再地重複這種互動。這樣看來，你也為他老是欺負你做出了『貢獻』，可以這樣說嗎？」

我讓她好好思考一下這句話，不必馬上回答。

接著我問她，如果說薩提爾的四種溝通姿態：指責、討好、超理智（講大道理）和逃避打岔，她和明遠各自的主要方式是怎樣的。

她很肯定，明遠的方式是「指責」；但在覺察自己的溝通姿態時，她有些猶豫，反覆考慮再三，終於確認主要是「討好」。這時，她有點激動：「憑什麼？這不公平啊！我怎麼在討好他呢？」

原來，從認識到現在，儘管丈夫明遠算得上優秀，但是很多方面，特別是在幾個關鍵時機，都是方芬發揮了更加重要的作用。比如，當年剛畢業的時候，這兩個既聰明又勤奮的人過得不很順利，就是她率先來這座城市讀研究所，打下基礎，他才跟過來的。

可她不得不承認，他指責的手指一伸出來，她內心的恐懼就會讓她自動地「跪下來」。

來自父母的「遺產」

「你在生活中熟悉討好的模式嗎？是從哪裡學到的嗎？」我問她。

她沮喪地點點頭：「是的，典型的我媽和我爸互動的模式，我就是我媽，我又幫自己找了個和爸爸一樣的丈夫。」

她還以己推人，說這也是明遠父母的相處模式，只是正好反過來——婆婆指責，公公討好。然後，方芬一臉疑惑地問：「我從小就特別痛恨爸爸這種強勢、愛指責妻子的人，下定決心，以後絕對不找這種人，怎麼還是沒能逃開這樣的命運？」

這是因為大部分人，特別是在承受壓力的時候，傾向於選擇熟悉的、而非舒適自在的方式。

我問她：「是啊，父母的模式怎麼會變成了你和丈夫的模式呢？你是在原生家庭中就學會討好的嗎？」

片刻的停頓之後，方芬的身體有些顫抖，她說想起了一個畫面：

「那是在我五六歲的時候，有一天下午，我和朋友在外面玩完回家，剛進家門，就聽見我爸爸在大聲嚷嚷：『我辛辛苦苦，怎麼養了你們這群不爭氣的孩子……』我躲在角落偷偷往院子裡瞄，哥哥姊姊一定是挨打了，一個在地上坐著，另一個站著，難過地哭。」接著，她聽見爸爸數落媽媽：「你是怎麼管教的孩子，你不要臉我還要臉呢，你怎麼不去死啊……」

媽媽無力爭辯，只是默默地流眼淚。

然後方芬說，直到現在她還能感受到當時內心的恐懼。那天，她嚇得直到事情平息好一段時間後，才躡手躡腳地進屋。她到現在都不知道當時發生了什麼事。

「但也許就是在那個時候，我心裡做了一個決定：做一個乖孩子，努力做好每件事，讓爸爸滿意，也不給媽媽添麻煩。」

我點點頭，語氣中多了一些疼惜：「所以，你做得很好，從前討好爸爸，現在討好丈夫。」

方芬低下頭：「還不止他們兩個，我幾乎討好生活中的每一個人，希望被看到、被認可，得不到就會感到悲傷和挫敗。」

站穩了，別趴下！

我請她閉上眼睛體驗：「你現在多大了？能體驗到做為一個成熟、穩重的成年人，你擁有的資源、價值和力量嗎？」

她點點頭：「其實，我很聰明，也很勤奮、善良，很多事情上也很有勇氣，寬容、有愛心……」

我說：「現在，帶上這些：你的聰明、勤奮、善良、勇敢、寬容和愛心……想像你前方站著那個不敢進家門的小女孩，你能看到她的樣子嗎？她的頭髮、衣服……溫和地看著她，留意她的眼神、表情，告訴她：『我知道你很害怕，擔心如果自己做得不夠好，也會像哥哥姊姊一樣挨打；你覺得只要乖乖地做好自己的事情，家裡就會平安無事；你期待爸爸不要老是那麼脾氣暴躁，你希望他看到你、認可你、愛你……』聽完這些，她是什麼樣的反應？」

她的眼角有滴淚滑落。

我在這裡停頓了幾秒鐘，才說：「現在，你向她承諾：『我理解你、支持你、陪伴你、照顧你、認可你，我現在已經是大人了，學到了很多，有足夠的能力和資源保護你、照顧你。』看看那個小女孩，她有什麼反應嗎？此刻，做為成人的你感覺如何？你想和她聯結一下嗎？比如牽牽手，摸摸頭，願意的話還可以擁抱她。」

她閉著眼睛，在那裡待了很長時間，從默默流下眼淚到慢慢恢復平靜。

她睜開眼睛，神態溫和，說：「這是很特別的體驗，我不再那麼孤單脆弱了，感到放鬆和安全，也感覺到了溫暖和力量。」

我們約定，以後在需要的時候，不斷地進行這樣的自我對話，滋養自己。

接下來的諮商，我們集中在兩個方面工作：一個是通過探索原生家庭，放下對父母（特別是對父親）未滿足的期待。值得一提的是，在這個過程中她覺察到，父親本人也是在挨打受罵的家庭環境中長大的，她理解、接納並決定原諒父親的局限性。

第二是學習用語言來表達自己。面對壓力，首先找到自己的力量，同時照顧到他人和情境，堅定而溫和地表達想要什麼、不想要什麼，即使不同意、不接受，也可以表達情緒，而不是帶著情緒去表達。

將諮商室裡的練習運用到生活中，不可避免地會遇到一些阻礙。一方面是方芬自己做不到，有時甚至比以前情況還糟；另一方面，明遠很不習慣她這樣做，說她膽子大了，變得越來越不可愛了，還恐嚇她：「女人就是要小鳥依人、溫順聽話，再這樣下去，非給你點顏色瞧瞧不可。」

但方芬還是耐心地堅持，終於有了兩次小小的成功。

一次是關於錢。他們的提款卡密碼一樣，明遠有時會擅自從她錢包裡拿走她的卡去領錢。方芬先在諮商室裡練習，回家準備好後，平靜地告訴他：「你這樣做，我心裡會不安，擔心哪一天有急用時裡面錢不夠。我的提款卡我會設個新密碼，你可以用，但要先跟我說，這樣我才會感到安心。」

明遠當然不高興，一堆的諷刺、大道理都來了。

「但我這次心裡很定，隨他怎麼說，我不說話，也不投降。」方芬笑笑，說明遠沒辦法，居然也就接受了。

她還發現，她逐漸穩定的內心，好像也影響到了明遠。比如，有一次她出差完剛回來，明遠沒給她好臉色看，還無理取鬧地找碴，方芬說，她一直默念著我們說過的

「回到自己」，踏實地坐在沙發上休息，冷靜地看他在那裡吵，看差不多了，她才走過去牽他的手，問：「親愛的，你不開心，想表達什麼呢？」

他愣了一下，居然平靜下來了，說她出差好幾天，家裡有很多事情，他忙不過來，有點著急。

我特別欣賞方芬在這個過程中自我激勵的一句話，需要的時候，她會不斷用這句話提醒自己：「站穩了，別趴下！」

是啊，正像佛洛姆（Erich Fromm）在《愛的藝術》（*The Art of Loving*）一書中所說：「愛情不是一種與人的成熟度無關，只需要投入身心的感情。成熟的愛情，是在保留自己完整性和獨立性，也就是保持自己個性的條件下，與他人合而為一。」

案例 2

打破互動的惡性循環

有時候，兩個人看起來是冤家路窄，其實是在用這樣的方式告訴對方：我們每個人都需要被治癒，都有自己成長的議題。

陷入「指責↓討好」的迴圈

小巧玲瓏、皮膚白皙的曉曉，拉著比自己高出很多的丈夫海東走進諮商室。

和我打過招呼後，快人快語的曉曉先表明來意：「老師，這是我老公海東，他心理有問題，我受不了他了。但是兒子還太小，我覺得也找不到像他一樣對兒子這麼好的爸爸了，可是，我一直忍受也不是個辦法，請您幫他做諮商吧。」然後她坐下來對丈夫說：「你跟老師坐近一點，實話實說，看看可以怎麼解決。」

海東看上去有點尷尬，猶豫著在我斜對面的椅子上坐了下來。

我表達了我的感謝和欣賞：他們對我的信任，彼此的支持，為改善婚姻關係做出的努力，而且，「聽得出來，你們兩個都特別愛兒子，甚至願意為了兒子承受一些生活中的不順」。

曉曉贊同我的話：「您說對了，他真的很寵我們兒子，孩子快三歲了，這幾年都是愛心加耐心地對待。有時候兒子吵鬧起來，我都受不了，他卻可以哄啊哄的，想辦法讓孩子安靜下來。」

也許是因為說起了兒子，海東咧咧嘴，臉上有了笑容。

接著，曉曉開始說海東的「問題」：他笨手笨腳，什麼都不會；更讓人不能忍受的是，講話吞吞吐吐、猶猶豫豫，半天沒個結論，不乾脆、不夠男人。「想半天一個決定都下不了，你說煩不煩？」

海東面無表情，眼神飄向牆角，不知道盯著什麼看。

我邀請他：「海東，你的看法呢？」

海東臉上顯得有些尷尬，說：「我是……不太自信，原來……沒覺得自己有多笨，現在做的很多事情做，曉曉都很不滿意……可是，她越是恨鐵不成鋼，我好像越是做不好。」

他也承認，自己越來越拖延，事情越拖越多，曉曉就越來越不滿意。

看著他們這樣一強一弱地互動，我對他們這些年來關係的變化，有了一個大致的猜想，取得他們的同意後，我邀請他們用身體語言把這一變化過程演示出來。

我先演示了薩提爾模式的四種溝通姿態：指責是「一手叉腰，另一隻手伸出去，伸出食指，生氣地指向對方」；討好是「單膝跪地，仰頭，一隻手伸出來乞求，另一隻手捂著胸口」；超理智（講大道理）是「站得直挺挺的，雙臂交叉在胸前，眼睛向上，心裡想的都是各種應該必須和大道理；打岔（逃避）是「轉身，不去理會正在發生的事情」。

然後引導他們進入內在，注意兩人位置上的遠近高低，在每種姿態裡，儘量維持一段時間，為的是留意身體和內心的感覺。

我們的體驗，從和諧的關係開始，代表著戀愛、結婚：兩個人面對面站立，伸出手，手心朝上，放在腰的兩側，面容溫和，保持眼神接觸。

開始進入體驗後，需要的話可以閉上眼睛，有助於更好的體會。

變化發生了，第一組姿態：妻子先指責，先生隨之討好。

第二組姿態：妻子更加指責，我讓她站在椅子上，丈夫更加討好。

第三組姿態：妻子從椅子上下來，往前跨出一步，仍然是指責；丈夫轉身，往外跨出一步。

第四組姿態：妻子也轉身背對著丈夫，丈夫站在原來的位置，重重地低下了頭。現在關係的狀況，大致就是如此。

我讓他們先沉澱一下，再分享在剛才的過程中感受如何。

曉曉先說話。她說一開始指責的時候感覺特別有力量，但是漸漸地，手和肩膀又痠又疼，有點受不了。接著更加生氣，於是她站到椅子上，更加厲害地指責。可是她也感覺身體在晃，要站不穩了，只好下來。再指責的時候，開始有點崩潰，內心很恐懼，感覺自己無法繼續下去了。看到丈夫轉身，自己也轉了身。但心裡卻更加悲傷，因為如果是那樣，這樁婚姻可能真的就沒有希望了。

曉曉坦言，她目前的實際情況是想轉身，但是想到孩子，也念及海東是個好人，內心掙扎，矛盾不已。

曉曉說，剛才的過程，使她對自己有了新的發現，好像她只會一味地指責，這讓她很驚訝，不知道自己原來這麼面目可憎。她說，一開始，指責並沒有那麼厲害，但是當海東跪在地上討好，後來乾脆逃避，這使她更加指責、更加抓狂：「我最不能忍受這種沒骨氣、不負責任的男人！」

海東說，他在討好的時候很壓抑，也很恐懼；曉曉的指責越厲害，這樣的感受就越強烈……實在受不了了，於是他轉過身，「為了自己能緩口氣，眼不見心不煩」；但片刻的輕鬆之後，卻感到很孤獨、很茫然。

他也發現，自己好像特別難以面對強烈的指責，一遇到指責就心裡慌，腿也發軟，「甚至有點顫抖」，只好更低姿態地討好……時間長了，特別累，身體忍不住搖晃晃的。轉身的時候心想著：「我不跟你吵，躲著你總可以吧？」可是，又很自責，覺得自己很窩囊，這也正是曉曉不滿意自己的地方。

我讓他們面對面坐著，把剛才講的這些感受，直接告訴對方。

他們發現，以前自己生氣或者害怕時，只覺得對方很可恨，根本沒想過，對方的內心也那麼脆弱。比如，海東沒有想到，看起來那樣咄咄逼人的妻子，內心竟然會恐懼；曉曉也說：「好像是第一次，聽到一個大男人說身體直發抖，有點心疼。」

我讓他們把這些話面對面地說給對方聽，而不是對我說。

儘管很不習慣，但他倆還是完成了。

曉曉有些感動，說：「唉！我們好像陷入了『指責─討好─更加指責─逃避』的惡性循環。」

是的，妻子一味指責，而丈夫最怕被指責；丈夫無法面對的時候，先討好，後逃避，而妻子最受不了男人的這種討好和逃避，於是更加指責，惡性循環就這樣形成。

我不喜歡我媽，可我也變成了她

第二次來的時候，曉曉表現得更加積極主動，說她願意改變。

我很欣賞她的主動、承擔負責，她是一個很有能量的人。

我邀請她慢下來，說：「曉曉，你們相處時，你的聲音很大、很容易指責、比較強勢……你身邊有這樣特質的人嗎？」

曉曉想了想後回答：「我太熟悉了，我媽就是這樣的人。」

原來小時候，曉曉的母親在家裡附近的地區機關裡工作，父親則是城裡的大學教授，曉曉、哥哥還有爺爺奶奶，和母親在鄉下同住，父親只在每次放假的時候回家；平時的週末，有時候回來，有時候不回來。不知是母親太忙、和奶奶關係不好，還是什麼其他原因，反正，從曉曉有記憶以來，母親在家裡和誰說話都是大聲的、指責的或者抱怨的。特別是父母的關係很緊張，父親每次回來，都是被數落的對象。

讓她驚訝的是，「我從來都不喜歡我媽那樣，可我現在也變成了她」。她就是母親的翻版，她和海東的互動，幾乎是母親和父親互動模式的翻版。

我邀請她從我的「百寶箱」裡取出四個絨毛娃娃，分別代表父親、母親、哥哥和小時候的自己，請她從記憶中選一個衝突場面擺出來。

她挑選了一隻藍色的憤怒小鳥，代表她的母親；一隻小一號的棕色小熊，代表她的父親；一隻紅色的小羊，代表自己；一隻白色的兔子，代表她的哥哥。

她五六歲的時候，有一次，父親母親因為錢的事情而爭吵。母親很生氣，指責父親不和她商量，就把大部份的薪水給了奶奶；父親辯解說「不給自己的母親孝親費，那是不孝」，母親就開始大哭大鬧，哭訴這些年她多麼不容易……父親好言相勸，發現不起作用，開始沉默、嘆氣。

曉曉擺出媽媽這隻「憤怒小鳥」在指責；爸爸這隻「棕色小熊」轉身逃避。

「你和哥哥站在什麼位置？你們的溝通姿態長怎樣？」我問。

曉曉想了想說，哥哥就像兔子，好像這件事跟他無關，不知道跑到哪裡玩了。她站得離父親更近一些，在心裡指責母親，覺得母親這樣做太過分了；有些鄰居來圍觀，讓曉曉覺得很丟人。

我讓她代替「紅色的小羊」，對著「憤怒的小鳥」，直接把這些心裡話講出來。然後，我讓她站到「憤怒的小鳥」的位置，對她複述她剛才所說的話。

她在那裡體驗了一會兒，若有所思地抬頭看看我，說終於知道了，當年母親為什麼對自己那麼生氣，從指責父親一個人，變成了指責她和父親兩個人：「想不到你也是吃裡扒外的，我真是白養你了。」

母親當年每次這樣說的時候，都會哭得很傷心。今天，她站在「母親」的位置，體驗到的就是這種憤怒、委屈的感覺。

「你對父親的溝通姿態是怎樣的？」我問。

她說，實話實說，也是指責，只是比對媽媽少一些。究其原因，除了父親不怎麼照顧他們之外，她也很認同媽媽的觀點：「這樣討好、逃避的男人太窩囊，男人就是要負責任，要堅強，要勇敢面對。」

父親的逃避，讓她感覺不安全、不被保護。

同樣的過程，我先讓她把這些說給「父親」聽，再讓她站在代表父親的那隻小熊背後，由我來複述一遍。

她苦笑著說：「真是位置決定腦袋，我在這裡體驗到的，是父親用逃避的方式保護了這個家，讓這個家完整與安寧……這是另一種形式的負責。」

我問她，這有可能就是她父親的想法嗎？

她點點頭說：「我想是的，否則，我猜我們家早就沒了。」說完，她的眼裡開始有淚光閃爍：「我突然很感激我爸，能讓我們家完整地保留下來。」

她不敢想像，如果父母不在一起，她和哥哥會是怎樣的情況，就算吵吵鬧鬧，她寧願他們一家人在一起。

以「我」開頭的表達方式

回到曉曉和海東的關係上。

我看著曉曉，更多的是在邀請她：「你願意轉過身來面對海東嗎？看著他，感覺一下，你有沒有把一些屬於父親的東西放在海東身上。」

曉曉挪動椅子，坐在海東對面，若有所思地點頭說：「有，海東討好、逃避的時候，我就變成了那個沒安全感、不被保護的小女孩。媽媽的聲音也會出來：『這樣討好、逃避的男人太窩囊，男人就是要負責任，要堅強，要勇敢面對。』」

我盡力把過程說得明白點：「好的，你看著海東，如果需要的話，可以在海東旁邊放一把空椅子，代表父親；你可以通過想像完成嗎？把父親和海東的討好、逃避區分開來，把屬於父親的部分歸還給父親，可以嗎？」說完，我搬來一把椅子，在上面放了一張紙，寫上「父親」二字。

她嘗試了兩次，做到了。然後長長地呼出一口氣，好像是在跟我說，也像是說給她自己聽的：「是的，我已經長大了，安全了。」

停頓了一會，她接著說：「我也在之前的過程中理解了，有時候，討好、逃避也是一種負責任，是一種寬容和忍耐。也許海東也是這樣想的。」

我轉向海東問他，在曉曉的歷程中他內心經歷了什麼。

他說，看曉曉和她的原生家庭「對話」的時候，他也一直在內心嘗試從曉曉的角度看，突然對曉曉的發脾氣、強勢能理解一些了。

以前，他總是覺得很委屈，面對妻子的怒氣不知所措。好像做什麼都不對。「從結婚到現在六年了，我都快放棄讓她理解我了。天下女人都一樣，有她們的一套邏輯。你沒辦法和她講道理，硬的不行，我只能用不是辦法的辦法，逃避你躲著你。」

我停頓了兩秒鐘，問海東：「天下女人都一樣？除了曉曉，還有誰也是這樣？」海東承認，小時候母親對他就是這樣，抓住「小辮子」然後「無限放大」，他做得好的地方她永遠看不到，要讓她認可比登天還難。

我們用單獨的一次諮商，處理海東和母親的關係。讓他與母親和解，更讓那個內心恐懼的不得不逃避的小男孩體驗到安全和被愛，在內心慢慢長大，長出新的力量去面對和承擔在家庭、社會中的責任。

然後我們回到之前的認可問題上。

「長久以來，你都很想得到認可，但都不說，小時候在媽媽那裡行不通，現在，用同樣的辦法在曉曉這裡也無效，那麼你願意嘗試一些新的方式嗎？」

我問海東，可不可以直接問曉曉：「如果我做的一些事情你覺得還可以的話，希望你能直接告訴我，那樣的話，我就不會逃跑了。」

我也趁機對曉曉解釋這麼做的目的：「如果你理解他、認可他，也許他就不需要再逃跑了，你們關係的惡性循環就有可能被打破，你願意這樣做嗎？」

曉曉點頭：「我願意。」

我讓他們現場練習，比如海東能接受建議，同意來做婚姻諮商，曉曉對他這點有理解和認可嗎？（我還告訴她，我所瞭解的實際情況是，很多先生是很難得到諮商室的。）如果有，可以怎樣直接跟他表達？

曉曉挪動椅子轉過身，我也示意海東挪動椅子，和曉曉面對面。

曉曉看著海東的眼睛，嘗試了兩三回，終於可以完整表達了。曉曉拉起海東的手，動容地說：「你能同意來做諮商、願意做出調整，我很高興，謝謝！我知道你在乎兒子，也在乎我，我也知道，你在以你的方式，擔負一個男人對家庭的責任。」

我補充了一句：「儘管是你很不喜歡的方式。」曉曉點點頭。

海東一時有些不習慣，笑一笑，說沒什麼。我在這裡引導他，列出一些句型，告訴他怎樣以「我」開頭，直接表達自己的內在：

當我看到（聽到）你……

我感覺……

我認為……

我希望……

如果那樣的話，我會感到……

經過幾次反覆練習，海東的表達已經和以往很不同了：「聽你這樣說，我感到很高興，我願意為家庭付出，希望以後你能多鼓勵我、認可我，我也希望自己更強大。如果這樣的話，我會感到更自信，覺得自己是一個負責任的男人。」

諮商結束時，他們討論好，需要的時候，可以用暫停的手勢提示對方，讓迴圈在這裡暫停，調整各自的狀態後，做出新的回應。

在他倆實際練習的過程中，我忍不住想，有時候，兩個人看起來是冤家路窄，其實是在用這樣的方式告訴對方：我們每個人都需要被治癒，都有自己成長的議題。適當的時候，去覺察、調整、整合，讓自己更穩定，才能讓關係更和諧。

案例3

直接表達具體的需求

很多時候，話語表面的意義並不重要，我可以聽到那些隱藏的、來自個人深處的內心訴求。

——羅傑斯（Carl Rogers）

無話可說的我們

諮商室裡，愛琳還沒進入正題，就像朵枯萎的玫瑰，有氣無力地癱坐在椅子上。她說，她百分之百地相信自己是個好人，善良、踏實，在工作和生活中的表現也都不錯。但不知道為什麼，就是不怎麼受人歡迎，好朋友不多。現在更大的問題是，和老公凱斌也越來越沒話可說了，他好像也不願意理她。

「您說，夫妻倆同在一個屋簷下，也沒發生什麼特別大的爭吵，可是，整天大眼瞪小眼，誰也不說話，這樣時間長了，還能有什麼好結果？」

她還引用網路的一句話，「一段感情常常始於無話不談，終止於無話可說。」

我們商定，把諮商的目標聚焦在她和丈夫的溝通上，看能不能對她和其他人的相處也有些啟發。

愛琳今年三十一歲，在一家公司裡做會計，收入也就能夠養活自己而已。丈夫凱斌大她兩歲，在一所國中擔任數學老師。兩個人都在城裡上大學，畢業後留下來工作。經人介紹相識相愛，結婚剛剛進入第六個年頭，女兒四歲，已經上幼稚園。

愛琳說，他倆相對無言的情況，在媽媽上來幫忙帶女兒的時候，就已經初見端倪。後來，女兒上幼稚園，媽媽回老家了。在這不到一年的時間裡，除非她實在受不了和他大吵大鬧，不然通常他都不怎麼理她，甚至有什麼事，他會跟女兒說，女兒再傳話給她。

在愛琳看來，是凱斌先不說話、不回應、不理睬。「談戀愛的時候我說他也說，我的話比較多；結婚以後，我還是有很多話，但他的話明顯減少了，我有時不滿意，和他大吵過幾次；現在，媽媽回去了，我也不必再看在媽媽的分上沒話找話，我們就真的無話可說了。」

平靜下來的時候，愛琳也問過他，為什麼不說話？他吞吞吐吐，說不知道怎麼說，就乾脆不說了。這讓她很生氣，又很無奈，不知道怎麼辦。

開口說句話會死嗎？

當她對自己生氣又無奈的感受有了覺察、承認和接納之後，我們來探索這種狀況的來由。

以這次諮商為例吧。愛琳原本也想和凱斌一起來諮商，他只是抬頭瞥了她一眼，什麼都沒說，又去滑他的手機了。她大聲質問他，他才慢悠悠地說：「哦，你先去一次試試，覺得有用我再去。」

我們就以這個事件為例。請她詳細描述一下，當時的過程是怎樣的。

她說，那是週五晚上，所有家事、要忙的事都告一段落了，睡覺之前，她嚴肅地對凱斌說：『你總是不理我，誰能受得了？你一個大男人，也不積極想想辦法，難道你就這麼不在意我們的婚姻嗎？我找到一個心理諮商師，你不積極就算了，還不想聽聽諮商師怎麼說？』

「然後，他就瞥了我一眼，很輕地搖了搖頭，還下意識地撇撇嘴……」

「然後呢？」我繼續問。

「我生氣啊，提高嗓門質問他：『郭凱斌，是你不理我的，我在想辦法解決問題欸！難道你沒有看到，我為了孩子、為了家做出多少努力嗎？……去還是不去，給句話有那麼難嗎？』」

愛琳說，最後一句，她更想說的是：「開口說句話會死嗎？」

於是，就有了剛才說的，她先來試試。

我問她，是不是在開始和他談這件事的時候，就已經有很多情緒了？

她想了想，說開始的時候還算比較平靜，有情緒的話也不多。

我好奇，她平時就是這樣說話的嗎？

我在她面前放了一把椅子，假設這就是當時的場景。讓她扮演丈夫坐在這把椅子上，我把她的「邀請」以她的語氣再說一遍，讓她體驗丈夫聽了感覺怎樣。

我說完，問她：「做為『丈夫』，你聽到了什麼？」

「丈夫」說：「我聽到的是，你在批評指責我、抱怨我，對我累積了很久的不爽，覺得我特別差勁。」

我問：「你有聽出來，這是在邀請你去做諮商嗎？」

「丈夫」搖搖頭：「沒有，即使有也只是很小的一部分。」

愛琳回到自己的座位上，若有所思。

我問她：「這有可能就是你丈夫當時的感覺嗎？」

她點點頭：「有可能。」然後補充說，每次逼急了丈夫都說不知道怎麼回答，剛才她也有那種感覺。

愛琳有些不好意思地說，媽媽以前老說她「講話難聽」，看來還真是。

我問她：「這是你的模式嗎？用一種批評、抱怨、自怨自艾的方式表達你的需求？」

她停頓了片刻，沮喪地點點頭：「好像是這樣。」

她補充舉例說，就連她想和凱斌親熱的時候，也是這樣表達的。她通常的說法是：「你從來都不主動碰我。」、「難道我對你就那麼沒有吸引力嗎，你都不想碰我一下！」

我笑了，問她這樣說的時候，肢體語言和語氣表現出的是害羞、撒嬌呢，還是抱怨？她說，心裡是害羞的，但聽起來應該是抱怨更多一些。

我問她：「他『從來』都不主動嗎？」

她臉紅了，說：「當然不是。」

「也就是說，這兩件事，你本來可以直接說：『我想和你一起去做心理諮商』、『我想和你親熱』，卻用抱怨、批評的方式，繞了好大一圈？」

她承認是這樣。然後很不解地問我，她為什麼會這樣？

很好的問題。我開了「作業」給她，請她在生活中隨時練習，表達需求時，把肚子裡那一大堆彎彎繞繞，簡化成一句最直接的話：「我想要……」。比如，「我想請你洗碗」、「我想請你抱抱我」。

那些年，說不出的委屈

第二次，凱斌果真和愛琳一起來了。

原來，愛琳回去跟他說了這裡發生的事情，跟他道歉，說自己不太會表達需求，請他提醒自己，然後直接表達：「我想和你一起做諮商」。她的想法是，哪怕只是讓他瞭解她、提醒她，他來也是有意義的。

兩個人聊起了過去的事，他說，自己不說話，一個原因是他本來話就不多；還有一個原因，的確是被她的難聽話「堵住」了。不過，他也承認，總是不說話也不是辦法，自己也需要反省。

我請她回想，從什麼時候開始，她以批評、抱怨、自怨自艾的方式表達需求？

她想了想說，似乎很小就開始了。

她想起很多畫面，表情逐漸陰沉下來。原來，愛琳的父母關係不好，孩子生太多、小她三歲的弟弟又有先天的智力障礙。父母忙不過來的時候，她要變身小保母，看護弟弟；弟弟又比普通的小孩難帶，身上總是出現瘀青傷口，每次她都因此被罵；

父母吵架，她成了媽媽的出氣筒；如果和弟弟起爭執，不用說，都是她的錯……

她始終記得，在她五六歲時，有一次特別想玩媽媽買給弟弟的一個綠色不倒翁，弟弟哭著不給，媽媽知道後，直接就給了她一巴掌，還狠狠地說了一句話，讓她這一輩子都忘不了：「為什麼有問題的是你弟弟，我倒寧願是你！」

她哽咽著說不下去了。凱斌從面紙盒裡抽出兩張面紙遞給她，順勢移動椅子，把她摟在懷裡……

我搬了一把小椅子放在她面前：「來，發揮你的想像力，讓那個委屈的小愛琳來到你的面前，請她坐在這把椅子上……你能看到她具體的模樣嗎？她的衣著、頭髮、表情……能接觸到她內心的委屈嗎？慢一點……」

然後，我讓她提醒自己，現在她是一個三十一歲的成年人了，有很多能力，還是一個四歲小女孩的媽媽，去內心找出這些感覺。

「現在，像個媽媽般，去和小愛琳對話，告訴她，你理解她，願意安慰她、傾聽她、陪伴她，你也願意保護她。你可以和她牽手，或者把她抱在懷裡，就像平時安慰、陪伴女兒的時候一樣。」

她做得很好，和小愛琳進行了一場感人肺腑的對話。我把諮商室裡一個可愛的抱枕遞給她，代表小愛琳。她把它摟在懷裡，撫摸著，喃喃細語……經過好長時間，她抬起頭，緩緩地呼出了一口氣，說：「我平靜、踏實了很多。」

「那個委屈、傷心的小女孩，她感覺怎麼樣了？」我問。

愛琳點點頭：「得到了安慰和理解，現在平靜多了。」

看愛琳陷入沉思的樣子，我在這裡停下來，慢慢等她。

她說，她現在能聯繫起來了，這種委屈的感覺一直影響著她，有時即使是別人（特別是父母）很普通的一句話，都會讓她感到委屈。

比如，小學時有一次她向媽媽要五塊錢，媽媽問她要錢幹嘛。媽媽當時滿平靜，只是想瞭解一下用途，她卻表現得很不耐煩，生氣地說：「要錢就是要用，問什麼問？」

她說，當時心裡很委屈，覺得自己從來不亂花錢，媽媽這樣問，就是對她不信任的表示。

媽媽也生氣了，批評她：「你這孩子，我又沒說不給你，跟我要錢，連問都不能問啊？」

說到這裡，愛琳長嘆一聲說，沒想到那個天天滿腹委屈的小女孩，未來長成了今天這個「怨婦」。

我提醒她，以後每當感到委屈的時候，或者想起過去類似畫面的時候，就用今天的方式和自己對話，疏解自己積壓多年的情緒，一次又一次地邀請那個小女孩，在內心慢慢長大。

現實生活中，在每次重要的交流之前，先覺察自己的情緒，是不是已經平靜了；如果沒有，停下來，深呼吸，平靜下來，也就是所謂的「先處理心情，再處理事情」。

關於她和父母的糾葛，我們又用了單獨的時間來處理，幫她聯結了和父母（特別是媽媽）的情感，理解、接納媽媽的局限，也理解媽媽的辛苦和不容易。

每個人都不可避免地受到原生家庭和生活經歷的影響。那些痛苦，不僅讓她感到委屈，同時也磨練了她的意志力、處理事情的能力；更重要的是，現在回頭再看，她有機會看到更多角度，更新曾經賦予它們的意義。

在這個過程中，凱斌一直做為陪伴者，看在眼裡，疼在心裡。結束的時候，他擁抱了妻子，對她說：「以後，我再也不會不理你了。」

我怎麼不會說好話呢？

關於溝通，除了平靜、直接地表達需求，愛琳還有一個困惑，那就是：「我怎麼不會說好聽的話呢？」比如，讚美一個人，欣賞一個人，並把它用語言表達出來。這對愛琳來說，是一件很困難的事情，她很難說出口。

這既影響了夫妻之間的溝通——丈夫的付出得不到肯定，讓對方感覺「好像做什麼都是理所當然的」；也影響了她和其他人的關係，比如，在這個滿街正妹、帥哥的時代，她即使真心這樣認為，還是說不出口。

凱斌就在現場，是很適合的練習對象。我請她找出她欣賞、感謝凱斌的一個或一些特質。

愛琳想了想說，他心很細、很會關心人，家裡晚上關窗、夏天開電蚊香、出遠門前檢查電器和瓦斯開關……這些都是他來做的。

接下來，我讓她面對面直接讚揚凱斌。

她嘗試了兩三次，每次都笑場，就是說不出口。

我讓她慢下來，問她：「你感覺一下，是什麼擋住了你說出口？是什麼感覺、想法，還是別的什麼？」

她思考半天，說應該是一些想法，比如，一家人還要說這些，太見外了吧？更重要的阻礙在於，她覺得這樣說話很虛偽、不真誠。

我問她，這樣的觀點是從哪裡來的？

愛琳說，他們家都是這樣認為的，甚至，很多親戚朋友們都是這樣認為的。她想起小時候，她有一個鄰居阿姨，開口就是各種誇獎。比如，每次見到她都會誇她：衣服很漂亮、辮子綁得好看、聽說她成績好受老師表揚等等。

奶奶不喜歡這個鄰居，說她是「長舌婦」。她從奶奶的語氣裡解讀出來的是，這樣的人很虛偽、不實在，奶奶很反感那個阿姨。所以，以後每天上學，明明從鄰居家門口走更順路，她卻偏偏要繞遠路，躲避她的這種「虛偽」。

那麼一家人，如夫妻之間，需要表達欣賞嗎？我把這個問題交給了凱斌來回答。

凱斌笑笑，說：「也不用天天誇……不過，剛才她說的這些優點，我以前都不知道她心裡是這麼想的。她天天抱怨，我還以為，她看不見我的付出，或者不認為細心算是優點。」

愛琳點點頭，說：「也是啊，我不說，你就不知道，至少不能很明白地知道。」

我邀請他倆站起來：「來，你們面對面站著。愛琳，先閉上眼睛，去尋找心中的那份欣賞和感謝，同時聯結你的真誠，嘗試著直接表達一次。」

愛琳很認真嘗試，從臉部表情也能看出，她找到了內心的感動。

她終於可以看著丈夫的眼睛，溫柔地說：「這麼多年，這些看似微小卻很重要的事情，都是你做的，很不容易，也彌補了我的粗心大意，讓孩子少被多少蚊蟲叮咬，少得幾次感冒……這些都多虧有你。我很欣賞你能做到的這些事，也很感謝你。」

儘管兩人都表示不太習慣，但是感覺都很好。愛琳承認，這樣的表達沒有虛偽的成分。

是的，表達欣賞、讚美、認同，本身和真誠並不矛盾，真誠的表達可以成為連接人與人內心的紐帶。

想起人本主義心理學家羅傑斯（Carl Rogers）說過的話：「很多時候，話語表面的意義並不重要，我可以聽到那些隱藏的、來自個人深處的內心訴求。」一個人說話的方式，並不僅僅是一種模式、一種習慣，還有其隱藏的內心需求，需要我們去覺察它，並找出滿足這種需求的途徑。這樣一來，表達方法等這些技巧層面的問題，就不再是困難的事情。

案例4

接納是改變的第一步

你就像一顆鑽石，雖然有一些面會被灰塵覆蓋，但它有更多閃閃發光的面向。

為什麼改不了打人的毛病？

航遠，三十歲的男性，一八〇以上的大個子，黝黑的皮膚，很符合一些文學作品裡描繪的「彪形大漢」形象。他拉著妻子林寧走進諮商室的時候，顯得小心翼翼。

剛一入座，航遠就誠懇地道了歉：「老師，都是我的錯，是我忍不住打人，才弄成現在這個樣子的。」一臉悔不當初的樣子。

原來，幾天前，航遠打電話給父母時，媽媽催他們，早點討論生孩子的事情。林寧在旁邊聽見了，埋怨婆婆管得太寬，問得太細……不知道是說了哪句話，航遠突然就被激怒了，他吼了林寧住嘴，她沒停，突如其來地，他竟然甩了她一巴掌。

婚後不到四年，這是航遠第三次打她了。

前兩次打完妻子巴掌，航遠後悔莫及，再反過來重重地打自己幾巴掌，她哭，他也哭。她因為被打疼，更因為對航遠生氣、失望而傷心地哭；他因為再次失控，傷害了妻子，自責、悔恨而失望地哭。

林寧心軟，最後都原諒了他。

這一次，林寧不哭了。震驚之餘，她轉身開始收拾自己的東西，沉默中多了幾分冷漠和鄙視。任憑航遠怎樣道歉、擁抱她、哀求她，她頭都不抬一下，面無表情地忙著收拾。

為了擺脫航遠的糾纏，她決絕地說：「不能一而再再而三了，我們離婚吧。」

航遠對自己也絕望了。但錯在自己，要走也是自己走。看林寧那樣堅決，他沒辦法，接受暫時分開，但他執意把房子留給妻子住，他每天在辦公室「加班」不回家。

他不理解：「我真的很努力了，為什麼改不了打人的毛病？」他說，前女友就是被他的大巴掌打走的。

這些年，他一直在跟「施暴」的衝動對抗，在外如此，在家也如此，他不甘心，決定尋求諮商師的幫助。

他懇求妻子，即使離婚，也要給他一段時間，甚至設下了三個月的期限。林寧考慮再三，夫妻一場，三個月的時間無論如何還是要給的。在航遠的懇求下，她勉強答應過來看看，這樁婚姻到底還有沒有希望。

與生俱來的暴力基因？

妻子林寧說出了她的失望：「他是英雄，也是惡魔，他最能保護我，也最能傷害我。但是家暴？真的是踩到我的底線了，我不能原諒他。」她在這點上不想妥協，他竟然能下得了手，她懷疑他對她的那份愛到底是不是真的。

我請林寧在這裡重新體驗自己的憤怒，和憤怒、傷心、失望的情緒待一會兒……深呼吸，給自己時間。

再看航遠，一副垂頭喪氣的樣子：「打人這個問題，從小到大，像個惡魔一樣纏著我，因為暴力我受盡了各種苦：被批評、受處罰、被孤立、被罵『人渣、爛人』……甚至有人像躲避瘟神一樣離我遠遠的。」

他還說了，往往他欺負了誰、打了誰以後，會遭到更嚴重的報復性毆打。他打了人後，被他打的人總會找更多人來揍他。他也是啞巴吃黃連，有苦說不出。

他感覺自己天生有罪，羞愧、自我鄙視、孤獨、絕望……甚至覺得自己簡直是一個禍害，不配活在這個世界上。他從來不想傷害任何人，更別說自己的妻子，在這個世界上，林寧是他最想保護的人，更何況打人的行為實在太不理性了！

從小到大，他想盡了各種辦法，阻止自己的施暴衝動，比如，天天默念、時時提醒自己：「打人的人不是人」、「打人的人該下地獄」……小學時有一段時間，他一下課就把手放在口袋裡，「其實我更想把手綁起來」；有時候衝動想打人的時候，如果意識到了，就原地用力跳，一直跳到筋疲力盡，能量好像也能釋放掉；本來打向別人的手，如果覺察到了，轉而打向自己；有一次，他甚至差點拿刀割傷自己；聽人說發洩療法，因此他準備沙袋，買了發洩抱枕……

妻子承認，他這幾年很努力，還說過想去接受電擊療法，「只要有用就行」。她擔心他身體受不了，沒有同意。

可是，非常遺憾，這次他又「復發」了。

我請航遠站起來，用右手的食指指向自己心臟的位置，指責自己。

他站在那裡，閉上眼睛：「非常後悔……非常生氣……非常挫敗……非常……絕望。」

看他用力憋著眼淚，我鼓勵他，悔恨最能吞噬人心，這樣的眼淚是有毒的，讓這些毒素流出來，釋放掉。

一開始，航遠還有些不習慣，急著說些什麼，我不回應他的話，過了一會兒，他的眼淚終於默默地、緩緩但持續不斷地流下來了……

經過很長的時間，航遠才慢慢平靜下來。他用衛生紙擦乾滿臉的淚水，也擦了擦胸前T恤被滴濕的那一大片。

我專注地看著航遠，問他：「航遠，我根據我所知道的猜測一下，不一定適合你，但你聽聽看，你受夠的不僅僅是打人的苦，還有小時候被打的苦，是這樣嗎？」

航遠聽了，慢慢地降低視線，身體深深地陷在椅子裡，面色凝重。

原來，航遠出生在農村的一個大家庭，從小就看到爺爺、爸爸、叔叔甚至姑姑都習慣於用暴力解決問題，不僅和外人很能打架，就是家人之間，生氣了也是動輒拳打腳踢，對老婆孩子就更不用說。

加上航遠天生頑皮，挨打的次數也就特別多，甚至上了大學了，父親還狠狠地揍過他一次。最嚴重的那次，父親打斷了他的鼻梁骨，他還因此住院治療了一段時間。現在仔細看的話，鼻子左側還能看出當時留下的一點模糊疤痕。

航遠無奈地看著我問：「是不是我天生就有暴力的基因，改不了？」

他承認，這是他不敢生孩子的一個重要原因，他擔心將來哪一天，自己忍不住打了孩子，那他就更沒辦法原諒自己：「那樣的話，我還有臉當人家爸爸嗎？」他更害怕，他生的孩子也會「遺傳」他打人的問題，「與其那樣我還不如不生，我可不想讓孩子也受這種苦。」

我用溫和且誠懇的目光看著航遠，點點頭，再看一眼林寧，鄭重地說：「這正是我們今天在此的意義。」

一個有很大缺點的好人

這是一個創傷處理的案例，我們決定放慢腳步。

第一次諮商結束的時候，我給航遠一個作業：「聽得出來，大多數時候，你成功地控制住了自己打人的衝動，回去寫十個這樣的經驗，只要寫簡單的時間、事件和你怎麼看那時的自己。」

林寧也主動要求要「寫作業」。我請她以同樣的方式，寫她體驗到的他們夫妻之間美好的十件事，並且她怎樣看待這些事件中的航遠。

接下來的兩次諮商，我們便談論起這些美好的經驗和事情，讓航遠從中體驗，他是一個怎樣的人、有什麼特質、重視什麼？

那是一個令我們三人都感動不已的過程。航遠每次從一件事中看到自己的特質、重視什麼，我就把它寫在本子上，哪怕有重複，也寫下來。

結束的時候，我已經記下了滿滿的一頁。我請航遠站起來，閉上眼睛，我站在他面前，把寫下的內容用充滿欣賞、讚美和信任的語氣一一念給他聽：「我很善良，我特別有毅力，我很能吃苦，我很有耐心，我有英雄情結，我顧全大局，我重視關係，我很孝順，我很聰明，我善於求助，求助是一種智慧……」末了，我讓他深呼吸，有意識地通過呼吸把這些資源「吸進身體」，好讓身體的每一個細胞都記得，他是怎樣的一個人。

航遠說他很感動，內心充滿了力量。他有些不敢相信，問我：「我從來沒想過，現在也很懷疑，我們說的這個人是我嗎？我有這麼好嗎？」

我真誠地鼓勵他：「是的，你就像一顆鑽石，雖然有一些面會被灰塵覆蓋，但它有更多面閃閃發光的面向。」

航遠緊緊地握住我的手，眼睛裡散發著光芒，然後又轉身擁抱了妻子。我忍不住為他鼓掌。

林寧談的他們之間美好的回憶，也令人感動，聽得出夫妻之間內心深深的聯結。

原來，他們的相識頗為戲劇性。當年在火車上，他們坐在同一個車廂，那時航遠剛剛畢業新進公司。車上鄰座的男乘客，知道林寧第一次來當地後，表示願意陪她下車，送她到學校參加研究所考試。後來，他炫耀他的名錶，有意無意地透露他很有錢……林寧開始警覺，心裡忐忑不安。趁那人去廁所時，她跟包括航遠在內的附近兩三個乘客說出了自己的擔心，希望能得到他們的幫助。航遠挺身而出，讓她放心。

到站以後，那人說要送林寧，航遠一把攔下，說特別巧，他就是那個學校的，和林寧剛好順路；還臉色有點兇狠地警告那人：用不著他送。航遠陪著林寧坐了兩站公車，才下車趕去反方向的公司上班。

婚後，航遠一直很呵護妻子。比如，有一次，她急需動婦科手術，他像抱著一個嬰兒一樣，高喊計程車……手術結束後，他守在旁邊悉心照料……即使醫生說她可以下來走動了，他也不管，一直照顧她到完全康復出院。

講完這些，我讓林寧直接對航遠表達，在她眼裡，他是怎樣的一個人。

林寧站起來走到航遠面前，拉起他的手，說：「航遠，你一直關心我、呵護我、保護我，你一直都是我的英雄。」她哽咽著說不下去了。

航遠把她攬在懷裡，激動地說：「謝謝你，經歷了這些還能記得我的好。」然後非常抱歉地說：「我知道，有時候我又變成了你的魔鬼，真的非常非常抱歉。」

林寧轉向我，深深地嘆了口氣：「是啊，他就是一個有很大缺點的好人。」

傷痕累累的過往

航遠對自己有了更多認可，內心的愛聯結著彼此後，我們開始處理航遠的創傷。

我讓他列出這三十年來感到最受傷的十件事：被小朋友欺負（打人的結果往往是自己遍體鱗傷）；被鄰居嫌棄；被同學孤立；被老師誤解；小學六年沒有同桌的同學，一個人坐在最前排靠邊的位置；小時候親眼看見，媽媽被爸爸打得鼻青臉腫……最不敢提的，還是他八歲那年，因為偷了同學家裡的籃球，被同學的媽媽找上門來，爸爸惱羞成怒，對他拳打腳踢，他剛要逃開，爸爸拿起掃帚就揮了過來……最後他不僅身上被打得青一塊紫一塊，還傷了鼻梁骨……

我們從他認為的小創傷開始，一個事件一個事件地處理，林寧一直陪伴著。

我們以談話為輔助，主要用呼吸法（特別是呼氣），加上一些拍打、抖動、跳躍、甩動等動作，讓心中的創傷有機會流動起來，改變身體的體驗。

他的畫面由寒冷變溫暖，由黑暗變明亮，他壓抑多年的害怕、憤怒、悲傷、孤單、無助、羞恥……正在一點一點地釋放。

抖落一身塵土，一個被溫和喚醒的「巨人」，慢慢地睜開了雙眼……。

接下來，該處理八歲那次挨打事件的影響了。

我們相對而坐，我帶領他做了一個冥想，讓他的身體放鬆下來。然後，讓他把那個事件變成一個可以播放的畫面。他手裡像拿著遙控器，可以快進、後退，可以放遠、放近，也可以關掉，確保他感到安全。

他向我描述畫面：一個夏日午後，在他們家門口，滿臉是血的小男孩趴在地上，爸爸因氣惱而通紅扭曲的臉，手裡的掃帚，在一旁傷心地哭泣的媽媽……

「現在，你嘗試去看那個畫面，試著去接觸內在，出現第一個念頭或情緒就停下來。」

這時他的臉色開始變得凝重起來。我想用我的聲音帶給他溫暖和安全：「在這裡你是安全的，我和林寧都在。」

他打了個寒顫，說：「害怕，不敢看。」

我問他，如果按○到十分計，此刻他恐懼的程度是多少？他說八到九分。說完，他的身體開始微微地顫抖，呼吸也變得急促。

我讓他站起來，睜開眼睛看著我，有意識地抖動身體，從頭到腳全身抖動，我提醒他，讓恐懼的能量通過抖動釋放出來……

當他說恐懼的程度降到三四分的時候，我讓他再看畫面：「非常難過……」他的眼淚下來了。

我一邊鼓勵他哭出來，一邊示範讓他用力長長地呼氣，一次，再一次……同時，我坐在他對面，經他同意，用手一左一右……拍打他膝蓋以上的位置……直到難過的情緒漸漸平緩下來。

再看畫面，他「心臟感覺劇烈地疼痛」。

重複以上的過程。就這樣，不同的感受或者身體反應，壓抑、無奈、悲傷、打嗝、流汗……一個一個，慢慢地處理。

平靜下來後，我讓他把右手放在心上，在內心送給自己一份關愛。

當他的憤怒釋放出來時，我請他賦予憤怒一個響亮的聲音。

他很艱難地從牙縫裡擠出幾個字：「你……你……太過分了！……總有一天……我也會長大……」

我安靜地看著他，不做評判，問他：「也許你沒有意識到，這可以算做你童年的決定嗎？等你長大了，有力量了，也使用暴力嗎？」

他沉思良久，說：「噢，我開始明白了。」

我們在憤怒上工作了很長的時間，讓他憤怒背後的想法、期待和渴望都浮出水面。做為成年人，他可以為自己做出新的選擇了，他先在諮商室裡不斷地演練：平靜地表達憤怒，而不是憤怒地去表達。

之後，他和童年的自己進行了一場超越時空的對話。他決定，從今以後，以溫和的方式表現自己的堅定勇毅。

回去以後，他幫自己買了一個看起來很酷的籃球，終於滿足了那個八歲男孩未被滿足的期待；他還決定，繼續他從那時起就放棄的對籃球的熱愛。

家族問題的終結者

但他在原諒上的工作進行得並不順利。不管是原諒自己——因為暴力，這麼多年來傷害了一些人，特別是親密的愛人；還是原諒自己小時候被打時的束手無策，「那麼窩囊、無助」；還是原諒父親、原諒這個「暴力家族」，都不是很順利。

心裡過不去的事情，急不得，我們可以把它當做一個方向，在今天種下一顆種子，讓它慢慢地醞釀、生根、發芽。我們可以不喜歡，但可以部分地接納、部分地承認，允許狀況時好時壞：我痛恨我自己打過人，我承認我偶爾忍不住打了人，我不喜歡這一點，但事實如此，我有一些接納了、承認了，我有這樣的問題。

接納不是妥協，不是放棄。接納的人，不是停在原地不動，而是不會繼續在這件事上感到無力。相反地，接納指向改變，它是進入改變的一扇門。記得當航遠第一次說出「我對自己打人這個事實，有四分的接納了」時，他從臉部表情到整個身體都明顯地放鬆了。重要的不是分數，而是有意識地啟動這個接納和原諒的階段。

我也和林寧做了一些工作，比如瞭解她「打人的人就是人渣」這個說法的來源和影響、「別人指責我時，我會更強烈地指責回去」這種容易激怒對方的做法等等。

這個諮商花費的時間有些長，對航遠來說，這是一個和過去、和自己、和家庭和解的過程，也是一個人聯結親情、發現自身資源的過程；對他們夫妻來講，這是一個他們相互理解、彼此支援、互相鼓勵的過程。

帶著「施暴」這個嚴重問題，他們選擇了充滿信心地往前走。

在處理完憤怒以後，他們夫妻倆認真地討論了，決定要來生孩子。

其實，我們都不知道，會不會有萬一發生，但是，航遠不會再那麼輕易地打人、他能夠當個「家族問題的終結者」，對此，我們都充滿了信心。

諮商師解讀

親密關係中的溝通姿態

求生存的應對姿態

影響親密關係的一個共通、重要的因素是，面對壓力時當事人應對問題的方式。

這在薩提爾模式中被稱為「求生存的應對姿態」，指人在生命力的驅動下，為了求生存，在感到不安全、有壓力的時候發展出來的應對方式，通常是出於自我保護的自動化反應。最常見的應對姿態有討好、指責、超理智和打岔四種。

♥討好型

在第一個案例中，方芬採取的是比較典型的討好的應對姿態，正如她所說：「我幾乎討好生活中的每一個人，希望被看到、被認可，得不到就會感到悲傷和挫敗。」海東的討好姿態也很明顯，一遇到指責，就「心裡慌，腿也發軟，『甚至有點顫抖』，只好更低姿態地討好」。

關係中較弱勢的一方遇到壓力時，經常會採用討好的應對姿態。

主要表現

討好的應對姿態主要表現為，**在與人溝通和回應他人的過程中，常常為了表面上的和平，採用委屈、壓抑和忽略自己的方式，把注意力和關注點放在他人那裡**，如根據他人的需求決定自己做什麼或者不做什麼；或者放在情境的需要上，比如在什麼時間、什麼場合「應該做什麼」，就做什麼。

在關係中較多的表現行為是道歉、哀求、請求寬恕、依賴、自我犧牲甚至自我傷害、讓步、取悅對方等，習慣性地承擔，容易忽略自己，常常缺乏自信。

常用的語言

- 「你是對的，這都是我的錯。」
- 「好吧，都聽你的。」
- 「對不起，請你原諒我。」
- 「我覺得自己很可憐。」
- 「你比我更重要。」
- 「求求你，你能不能不要……」
- 「沒有你，我該怎麼辦？」……等。

情感體驗

討好的人，表面上和諧平靜，內心卻很難平靜，會較多地體驗到委屈、恐懼、受傷、無奈、悲傷、哀怨、抑鬱等，如方芬的「我覺得，活得很屈辱，不被尊重，很壓抑，很委屈，很沒有自我，用現在的話說，沒有存在感……內心很憤怒」。嚴重的話，可能會有抑鬱的情緒，甚至產生自殺的念頭。因為經常討好的人，在內心世界裡是不看重、不尊重自己的，覺得自己不如人，不值得為自己爭取，時間長了，就很難找到自己的存在感。

擁有的資源

經常使用討好的應對姿態的人，常常擁有善良、隨和、敏感、細膩、關懷、溫暖、人緣好、關係和諧等資源和優勢。

被討好者的感受

討好的人本意是通過委屈自己求得和平，實際生活中，特別是從長遠來看，這種犧牲自己的方式有益於親密關係的和諧嗎？

在第二個案例裡，海東討好的結果是讓曉曉更加生氣，更加指責，從她的角度看來，「這樣討好、逃避的男人太窩囊，男人就是要負責任，要堅強，要勇敢面對」。

生活中我們常常會同情弱勢的一方，然而很多時候，表面上強勢一方的感覺並沒有我們想像的那樣好，常常是更糟糕。

覺察與改變

經常使用討好的應對姿態的人，常常有一個誤解：以為靠委屈和犧牲自己就可以換來對方的滿意和關係的和平，實際上，**真正的和諧是從自身開始的**。

所以，討好的人需要更加有意識地覺察和體驗自己的感受：是不是總感到很緊張、很委屈、焦躁不安？

如果是，也不要再習慣性地貶低自己，可以承認和接納現在的自己。將自身的善良、關懷、細膩等特質運用在自己身上，比如關心自己、照顧自己、鼓勵自己。像後來的方芬一樣，慢慢地為自己站起來。

♥ 指責型

在前面的案例中，明遠、曉曉採取的溝通方式中是有指責的，愛琳的抱怨也是一種指責，航遠的打人更是一種強烈的指責。

主要表現

指責的應對姿態主要表現為，**面對壓力時，通過批評、責備達到控制對方、控制局面的目的，在與人溝通和回應他人的過程中，不考慮對方的感受和需求。**在親密關係中，較多表現為對伴侶的高要求、責罵、批評、挑剔、喝斥、恐嚇、攻擊、控制等，比如曉曉在諮商開始時介紹海東的問題時，指責是很強的：「他笨手笨腳，什麼都不會；更讓人不能忍受的是，講話吞吞吐吐、猶猶豫豫，半天沒個結論，不乾脆、不夠男人。想半天一個決定都下不了，你說煩不煩？」

常用的語言

- 「你要聽我的。」
- 「都是你的錯。」
- 「你到底在幹什麼？」
- 「這跟我有什麼關係！」
- 「這是你造成的，你要為這件事負責！」

• 「你敢再說一遍，就別怪我對你不客氣！」

• 人身攻擊（廢物、智障、賤貨、白癡、你還有臉活著啊？）……等。

情感體驗

指責的時候，表面上看起來很有力量，能掌控局面，實際上，內心體驗較多的是憤怒、生氣、不滿、焦慮，特別是時間拉長的話，會感到失望、挫敗甚至有深深的孤獨感和恐懼感。

就像曉曉，「一開始指責的時候感覺特別有力量，但是漸漸地，手和肩膀又痠又疼，有點受不了。接著更加生氣，於是她站到椅子上，更加厲害地指責。可是她也感覺身體在晃，要站不穩了，只好下來。再指責的時候，開始有點崩潰，內心很恐懼，感覺自己無法繼續下去了」。

指責的人，看起來一切盡在掌握之中，其實只是假象；看起來氣勢洶洶，實際上只不過是紙老虎。

擁有的資源

經常使用指責的應對姿態的人，往往擁有自信、果斷、有領導力、能擔當、高效解決問題等資源和優勢。

被指責的人的感受

指責和討好的應對方式是相互對應的，就像第二個案例中，海東的「討好」激起曉曉更大的「指責」一樣，指責的應對方式，常常會讓被指責者感受到委屈、恐懼、受傷、無奈、悲傷、哀怨、抑鬱等。

指責的本意是為了讓對方做得更好，達到更高的標準，結果卻可能更糟，就像海東一樣：「可是，她越是恨鐵不成鋼，我好像越是做不好。」他也承認，自己越來越拖延，事情越拖越多，曉曉就越發不滿意。

覺察與改變

採取指責的應對姿態的人，常常會有一個誤解：以為靠強行的命令、高標準的要求就可以「改變對方」，控制局面，對方就會按照你的方向走，以你想要的方式達到你的目標。其實，除非對方自己願意改變，否則，你是很難改變他的。

經常指責的人要更加有意識地覺察和體驗自己的感受：是不是總是感到很生氣、很不滿、不耐煩？留意一下，身體是不是僵硬、緊繃？如果是這樣，也要接納自己的現狀，好讓自己放鬆一些。

指責的人看起來很自信，背後往往有很多的擔心和恐懼，需要相信自己的果斷、有領導力、能承擔責任、高效解決問題等資源和優勢，增加內心的穩定性，提升自我價值感。

每當指責出現的時候，需要冷靜下來覺察內心的期待，特別是對對方的高期待；每個人都需要為自己的期待負責任，對方沒有義務滿足你的期待，必要時需要調整期待。具體方法可參考本書第四章關於期待部分的解讀。

經常指責的人需要覺察和關照對方：他現在感覺怎麼樣，需要什麼，特別是需要我做什麼？因為指責在親密關係中是對對方的感受和需求的忽視，而好的親密關係則需要彼此眷顧。

♥超理智型

明遠私自把方芬的嫁妝分給他的弟弟妹妹，方芬很生氣，他卻說，那是幫她解除後顧之憂，還說她「斤斤計較、心眼比針還小……」；公司活動撞到上課時間他就說「孩子才小學三年級，內容聽不聽都沒差」；還說「女人就是要小鳥依人、溫順聽話……」這種動輒拿大道理去說服人、嚇唬人，還經常自詡「以理服人」的方式，在薩提爾模式裡被稱為「超理智」。

主要表現

超理智主要表現為**壓力狀態下，過度理性，太依賴邏輯思維，以講大道理、引經據典、強調邏輯等方式進行說理說教，讓人很難反駁，從而確保了自己在關係中的主動權**。使用這種應對姿態，實際上是「只見道理不見人」，往往認為自己講的道理、正確的理論最重要，至於對方是什麼感覺、真正的需要是什麼等都不在乎。這樣的人常常有強迫行為，獨來獨往，缺少同理心。

常用的語言

- 「身為一個人，就要懂得做人的道理。」
- 「我是很理性地跟你說……」
- 「客觀看來……」
- 「正確來講，應該是……」
- 「有理走遍天下，無理寸步難行。」
- 「〇〇〇（名人或專家）說過……」
- 「有研究指出，一夫一妻制是不合理的制度……」
- 「女人就要有女人的樣子，要溫柔體貼。」……等。

情感體驗

使用超理智的應對姿態時，容易把觀點、信念、知識、道理等看得比「人」還要重要，會把一些所謂正確的觀點、道理、有說服力的證據等，生硬套在自己的生活或關係裡。它們會擋在關係中間，更難以觸及一個人的內心，慢慢地，兩個人的關係就會漸行漸遠。

超理智的人，看起來一副真理在手、高高在上的樣子，實際上常常體會到孤單、失控、失落、空虛、無聊、脆弱等。就像很多人感嘆的「懂得很多道理，卻依然過不好這一生」，問題就在這裡。

擁有的資源

常常使用超理智的應對姿態的人，最大的優點是聰明、理性、客觀、知識豐富、有解決問題的能力、做事認真、遇事冷靜。

被超理智對待的人的感受

超理智的人常常覺得事實、道理明明擺在眼前，自己苦口婆心，說得明明白白，卻不明白為什麼，效果非但不好，常常還會引起反感。

其實，哪怕只是在想像中，把自己放在被超理智對待的人的位置上，去聽對方面無表情地對你講一些不容質疑的道理，你會有什麼感覺呢？面前這個看起來什麼都懂、什麼都對的人，你會覺得他瞭解你、懂你嗎？你願意因為說得很有道理就虛心聆聽嗎？生活中我們的反應常常是感到反感，想立即打斷，想反駁：「大道理誰不懂！」是的，這樣的「道理」每個人在成長的過程中聽得已經夠多了，我們在親密關係裡，可不是要再給自己找一個「老師」或者「爸媽」。

覺察與改變

採取超理智的應對姿態的人，也有一個誤解，即誤以為「正確的理論」會引導一個人做正確的事情，就能過好這一生。但他們卻忘了，人不是機器，有自己的感情、會脆弱，需要被理解、被寬容，這種就事論事的做法，**在親密關係中是很忌諱的。在親密關係、家庭關係中，「人」才是更重要的**，「情感」才是更重要的，就像很多人說的那樣：家不是講理的地方，家是講愛的地方。

超理智的人需要與身體、內心的感受更多的聯結，比如，可以探索自己的內在，我在擔心什麼嗎？我在焦慮嗎？我感到孤單嗎？還是完全體會不到任何感受？

如果是，放下教導、教訓對方的做法，把注意力放在自己身上去覺察和體會，慢慢來。並拋開批判對方對錯好壞的方式，關心對方這個人：他現在生氣嗎？失望嗎？

他真正想要的是什麼？我如何滿足他的內心需求，如何與之建立起情感聯結？

♥打岔型

打岔就是不面對，比如海東「轉身，往外跨出一步」是「為了自己能喘口氣」、「我不跟你吵，躲著你總可以吧？」；凱斌的「不說話、不回應、不理睬」也是一種打岔；方芬的「回家恐懼症」也是希望能逃開問題，不去面對明遠。

主要表現

打岔的應對姿態主要表現在，**一個人在遇到壓力的情況下，因害怕或者無法面對問題，以改變話題、中斷談話的方式分散注意力。**在行為上，或者表現得過分活躍、不斷變換主題、抓不到重點、喜歡打斷別人、什麼都可以說笑等；或者表現為活力不足，不參與其中，案例中海東的轉身和凱斌的不理不睬就屬於這一種。

常用的語言

在關係中或者經常表現為沉默、不回應，或者說類似下面的話：

- 「我們說別的吧。」
- 「你說過嗎？我怎麼不知道啊？」
- 「對了，我想起來……（另外一件不相關的事情）」
- 「別提了，我來告訴你一件有趣的事情……」
- 「（對方正在說某件事）上次你們去看的電影好看嗎？」……等。

情感體驗

打岔的人看起來比較風趣幽默，不得罪人，但是因為實際上是一種「逃跑」，如果時間長了，問題依舊沒解決，會有「無處可逃」的感覺；因為無法針對問題討論，很難與人交流內心真實想法。他們常常會感到孤單、焦慮、困惑、悲傷、害怕、迷茫、空虛……如海東轉身後，「片刻的輕鬆之後，卻感到很孤獨、很茫然」。

擁有的資源

習慣使用打岔的應對姿態的人，擁有的資源是幽默、靈活、好玩、有彈性、有創造力等。

被打岔的人的感受

親密關係中，對方如果經常使用打岔的應對姿態，通常要嘛是覺得他在繞圈子，要嘛像是一拳打在棉花上——再大的力氣也砸不出聲音，只是白費力氣。問題得不到解決，時間長了會煩躁不安、變得容易抓狂，會感到孤單、茫然。

覺察與改變

打岔型的人最大的誤解是以為不面對問題，問題就會自行消失，或者大事化小、小事化無，殊不知問題、矛盾可能越積越多，直到無法收場。也有人信奉「沉默是金」，但在親密關係中沉默的結果，不是對方在忍無可忍時爆發，就是讓關係在沉默中走向滅亡。

打岔的人面對親密關係的壓力時，需要去覺察正在說的、做的，是不是和真正的問題距離很遠。如果是，就需要有意識地停下來，先要專注地面對自己，給自己多一些耐心，比如，覺察我自己的內在是不是有焦慮不安、我身體的感覺如何等。

呼吸、放鬆自己，嘗試和自己的情緒待在一起，承認、接納它，讓自己平靜。並關注對方和情境：他感覺怎麼樣，真正需要的是什麼？專注在問題上：這是什麼樣的問題？我該如何解決？……等等。這往往需要持續不斷的成長。

薩提爾模式的一致性

薩提爾女士認為，我們學習和成長的目的之一，是從「求生存的應對姿態」到更加「具有一致性」。

一致性首先是一種有意識的選擇。需要充分地覺察、瞭解和接納自我、他人以及情境，並為自己負責，即我們通常說的「和諧、自我負責」的狀態。

比如，第一個案例的諮商後期，方芬在提款卡密碼上和明遠溝通：「你這樣做，我心裡會不安，擔心哪一天有急用時裡面錢不夠。我的提款卡我會設個新密碼，你可以用，但要先跟我說，這樣我才會感到安心。」即使明遠有一堆的諷刺、大道理，她還能溫和地堅持：「但我這次心裡很定，隨他怎麼說，我不說話，也不投降。」

一致性最重要、最核心的特徵是「具有較高的自我價值感」，能夠欣賞和接納每個人（包括自己）的獨特性，願意信任自己與他人，接納人與人在價值上的平等，內心平靜、和諧、開放、有彈性。

一致性回應的目的不是想要贏，想要控制一個人或局面，而是希望從一個既關愛自己又關愛別人的位置，帶著對當下情境的覺知去回應。比如，在諮商後期，曉曉和海東、愛琳和凱斌的互動都具備了這樣的特點。

在一致性狀態下，人看起來自信、有活力、有生命力、有創造性、負責任、有愛心；真實而和諧，語言與身體姿勢、聲調、內在感受一致，能聆聽他人，尊重自己、他人和情境；能感受到平靜、平和、充滿愛、踏實；既關懷自己又關懷他人。

薩提爾家庭治療模式認為一致性，「確切地說，並不是另一種姿態，而是一種完滿的狀態，是我們成為更加完善的個體的選擇」。它既是一種存在狀態，也是一種與自我和他人進行溝通的方式。

高自我價值感和一致性，是檢驗一個個體具有更加完善的機能的兩個重要指標，也是薩提爾模式的理想境界。

第二章

學會做情緒的主人

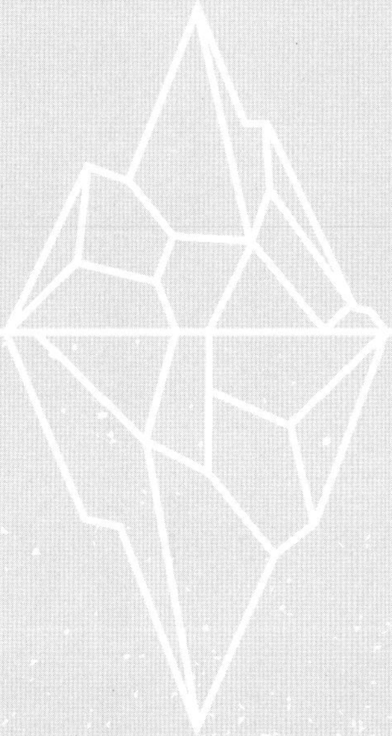

案例5

為自己的情緒負責

我把小時候的孤單、悲傷帶到了婚姻中，把從父母那裡沒有得到滿足的期待轉移到了我老公身上，向他要關注、要陪伴、要認可、要安全感……這些年我要得很辛苦，老公也被我要求得很疲憊。

如影隨形的孤獨

一進諮商室，岩麗就切入正題：「王老師，我其實不覺得我和老公之間有什麼很大的鴻溝，可我就是常常感到不滿意、不舒服。」

我讓她慢下來，說：「不用急，你能告訴我，那是怎樣的一種不舒服嗎？」

「我也說不太明白……比如，老公上班去了，孩子上學去了，剩我一個人在家，我常常感到無法抑制的……悲傷，很孤獨。尤其是到了晚上和週末，如果老公不能在家陪我，我就會很生氣。

「結果往往是，老公左等右等不回來。終於回來了，可以陪我了，可我又忍不住和他吵架。」岩麗對自己也很無奈。

她說，除了這一點之外，她很為老公驕傲：「不管是做為老公、父親還是女婿，他都很稱職。」她停頓了一下，補充道：「我敢不謙虛地說，我老公真的很優秀。」

岩麗的老公是她的大學同學，學生時期他就表現得出類拔萃，工作後也很快嶄露頭角。他們因為相愛而結婚，十幾年來感情一直都很好，有一個活潑可愛的兒子，今年已經十歲了。

不僅如此，岩麗的老公很有家庭責任感。為了給她和兒子更好的生活條件，他辭去了還不錯的工作，克服種種困難成立了自己的公司，努力不懈好幾年，終於在事業上站穩腳跟，穩步前行。

於是，不僅這個三口之家不再為生計煩腦，就連雙方的父母甚至各自的家族也因此受益。岩麗無須再靠朝九晚五的工作謀生，做起了人人羨慕的全職太太。

「但是我的心裡並沒有像外人以為的那樣幸福，只要老公不在身邊，我就覺得空蕩蕩的，孤獨、憂傷，感覺日子很難熬，偏偏他不在我身邊的日子又特別多。」說到這兒，岩麗深深地嘆了一口氣。

我問她：「你感到孤獨、悲傷、難過、生氣，這種狀況有多久了？」

她很認真地回答說，很久了。看起來有無奈，還有一些自責。她很不喜歡自己這樣，一直在努力想辦法讓自己快樂起來。這些年，她不斷地看書、學習、學瑜伽、插花，盡可能地參加朋友、同學聚會等，就是想讓生活豐富起來。

然而效果並不理想，孤獨和悲傷就像長在岩麗的身上一樣，如影隨形。

「老公在外面已經很辛苦了，回到家還要受我的氣，被我的各種要求所束縛，他常常責怪我跟個孩子一樣，不成熟。」他倆也會因此爭吵，隨之而來的是岩麗更加感到孤單、難過和悲傷。這樣的情緒循環往復，讓岩麗不能自拔。

我安靜而專注地看著岩麗：「在這些感受的背後，你怎麼看待老公和你自己？」

她想了想說：「對老公的看法，我覺得他整天只顧賺錢，也不管我們母子倆；而且，他不像以前那樣重視我了……

「可有時候，我又覺得，這應該不是真的，因為除了不能天天陪我之外，他對我還是很好的。可是，孤獨的時候就忍不住會這麼想。」說這段話的時候，岩麗一直皺著眉，很困惑的樣子。

在描述對自己的看法時，她也表現得很糾結：「關於我自己，我就覺得，做為一個全職媽媽，我變得越來越不重要了……

「有時覺得自己對老公要求這要求那，好像有點無理取鬧，可有時又覺得自己很可憐，好像沒有人關心我。我甚至想，自己要是個男的該多好啊，就不用像現在這樣了，整天瞎忙，還忙的沒有成就感。」

不受歡迎、多餘的人

「你這樣看自己，覺得自己不重要、可憐、沒人關心，有多久了？」

聽我這麼問，岩麗像是被碰觸到了什麼，眼神不自覺地游離起來。「好像……很久了，好像……從小就這樣。」

她把目光收回來看著我，肯定地說：「嗯，從小就有這樣的感覺。」她似乎在想：「噢！原來這和小時候有關，可是……」

我不確定她是陷入沉思，還是回憶起什麼，坐在她面前安靜地等了好一會兒，才嘗試著問她：「想起小時候，有什麼畫面嗎？」

「有。」她承認，這種孤獨、悲傷的感受從童年就有。

我拿出一些玩偶用來代表人，讓她把腦中的畫面呈現出來，讓我看到，也讓她的內在更加清晰地呈現出來。

她擺出了爸爸、媽媽、姊姊、弟弟和小時候的自己。爸爸、媽媽站得比較近，姊姊在媽媽身邊，弟弟在爸爸身邊。而小岩麗離他們比較遠，看上去在家庭的圓圈之外。她說，儘管她是在這個家出生、長大的，但她總感覺，好像他們四個是一家人，而自己則是那個不受歡迎、多餘的人。

說到這裡，她哭了出來，淚水像斷了線的珍珠一樣往下滴落。

原來，爸爸有很嚴重的重男輕女觀念。儘管姊姊也是個女孩，但也許因為是第一個孩子，他還有希望，所以反應並不怎麼強烈。可是，等到媽媽生她的時候，爸爸失望極了，半個月不理媽媽。直到後來終於有了弟弟，爸爸的情緒才慢慢好一些。

「我覺得，在這個家裡，我就跟不存在一樣，除了吃飯、穿衣、睡覺，爸爸媽媽很少主動關心我什麼。我從小也特別乖，從不惹是生非，好像整天都在小心謹慎、擔驚受怕中活著。」

停頓了幾秒鐘，我指著那個代表小岩麗的玩偶，輕聲問她：「能看到那個小心翼翼的小女孩嗎？她當時是怎樣的感受？」

她點點頭：「很深的孤獨、悲傷和不安全感。」說完，她補充道：「和現在婚姻中感覺到的孤獨、悲傷很相似……現在我孤單、難過的時候，常常感覺自己像個四、五歲的小女孩。」

未被滿足的期待

為了使諮商更有體驗性，也更聚焦，我把代表爸爸、媽媽的玩偶先後「請」到了椅子上，分別讓她替當年的自己，對椅子上的「爸爸」、「媽媽」說一些話，表達當年由於父母的忽視而感受到的傷害；她的孤苦和無助、卑微和討好；她還大膽地表達了一直壓抑的憤怒，覺得這對自己不公平；她說，她很希望得到父母的接納和關注，特別是爸爸的認可、媽媽的關愛……這樣的表達是一種很安全的情緒釋放，即使激烈了點，也不會傷害到現實中的任何人，她看起來輕鬆了很多。

接下來，我用「空椅子」[1]技術，讓她和「爸爸」、「媽媽」對話。

她坐在「爸爸」的位置，「爸爸」對「小岩麗」是這樣回應的：「你姊姊會很多事，幫家裡很多忙；你弟弟太小，所以對他們的關注自然多一點；你從小比較乖，又很懂事，從不讓我操心，我對你也很放心……我以為你能好好照顧自己，不知道你心裡竟然是這樣想的。」

她坐在「媽媽」的位置上，眼淚掉下來。「媽媽」對「小岩麗」說：「孩子，真對不起，媽媽忙裡忙外，不知道你的心裡竟然那麼孤單無助，對不起！」

她承認，如果爸爸媽媽知道了她的真實想法，很有可能，這就是他們想說的話。

接下來，她主動要求和「姊姊」對話。她表達了對姊姊的感謝，並說其實姊姊一直都很關心她。

當她坐在「姊姊」的位置，「姊姊」也表達了對她的內疚、關心和疼惜。

接下來的諮商，我們在原生家庭方面繼續工作。通過畫「原生三角圖」[2]，分別處理岩麗和爸爸、媽媽的關係；通過正面描述他們，聯結從他們那裡遺傳到的、教導的、自己學習和領悟到的資源；轉化那些負面的描述，自己從中有什麼收穫，可以增加什麼，從而更好地生活。

她在回憶中聯結父母的愛。比如，她本來對爸爸有很多抱怨，但是當談到爸爸

1. 又稱「空椅療法」（Empty Chair Technique），是心理劇、完型治療與情緒取向治療常用的心理治療工具。透過對話和角色轉換，讓案主藉以探索自己內在未達成期待的所有面向，或體驗及表達不同角色的情緒。

2. 薩提爾模式諮商師常用的工具之一。透過畫出和父親、母親的原生三角關係，協助自己重新去認識與發現和父母親的關係，並透過這個發現去覺察自己和伴侶的關係，如何與原生三角關係相互影響。

「負責任」這個形容詞時，她回憶起一個溫暖的鏡頭：小學三年級的時候，學校舉辦數學競賽，她考砸了，很傷心。那天，爸爸騎自行車來學校接她，見到爸爸的那一刻，她忍不住委屈地哭了。

「我記得爸爸跟我說話的時候，一直是笑著的，沒有一點責備的意思。聽我講完，還用他那粗大的手掌在我頭上輕輕地摸了兩下，安慰我說，沒什麼大不了的，人生那麼長，爸爸相信你！」岩麗說，她感受到了爸爸的支持、溫暖和愛，現在回憶起來依然很感動。

只是不知道為什麼，以前從來沒有回憶起這件事過。

記憶，有時會被某種無形的東西比如情緒所遮蔽，讓愛的真相無法浮出水面；而一旦情感開始流動，這種記憶的畫面就會一幅一幅慢慢地在眼前展開來……

她重新用玩偶擺放了自己的家庭，爸爸、媽媽、姊姊、弟弟和她圍成一個圈，彼此接納，相互關照，圓滿幸福……我讓她深深地吸一口氣，讓這個溫暖的畫面定格在她的心裡，也讓她的整個身體都能體驗到那份溫馨和關愛。

當岩麗再跟「爸爸」、「媽媽」對話的時候，我已經能明顯感覺到她內心的成長：「謝謝爸爸媽媽，謝謝你們給了我生命，謝謝你們給了我那麼豐富的資源！儘管我有很大的遺憾，以前不知道這些，但我已經長大成人，為人妻，為人母，不再是那個孤獨悲傷的小女孩了，我已經有力量照顧好、陪伴好自己了，你們放心吧。」

對於爸爸媽媽當年因為各種原因沒能給予她的愛，岩麗說，她決定原諒：「我不再向爸爸媽媽要了，我可以自己愛自己。」說這些的時候，她顯得那樣堅定、有力。

來自成長的力量

由婚姻的問題而來，還要回到婚姻的問題裡去。

岩麗心中的陰霾被驅散了，再次談到婚姻中關於陪伴的話題時，我們的對話變得輕鬆了很多。

「你這樣的成長經歷和現在的婚姻有什麼內在聯繫嗎？」我問她。

岩麗領悟力很高，她說：「我把小時候的孤單、悲傷帶到了婚姻中，把從父母那裡沒有得到滿足的期待轉移到了我老公身上，向他要關注、要陪伴、要認可、要安全感……這些年我要得很辛苦，老公也被我要求得很疲憊。

「我現在分清了，老公是老公，父母是父母。我長大了，不能再讓老公做我的『父母』了。」

我說：「我要考考你，假設這次週末老公和以前一樣，因為要忙公司的事情而沒有辦法陪你，你和之前會有不同嗎？」

她很誠實：「我想，可能還是會有一些失望吧？畢竟，我喜歡並珍惜家庭團聚的時光。但我不會覺得自己那麼孤獨了，也不會再那麼悲傷、那麼憤怒了，至少在程度上會減輕很多。」

我感謝她的誠實，繼續問她：「在這種情況下，你又怎麼看老公，怎麼看自己呢？」

她笑了，為自己的變化感到吃驚：「其實在男人的想法裡，賺錢養家就是愛。他確實很愛我，也不是不重視我，只是不是用時刻陪在我身邊的方式。

「我辭職在家，其實承擔了很多家庭事務，也很重要。只有這樣，他才能放心地忙外面的事情，孩子才能安心地上學。我們是在共同支撐這個家，誰也離不開誰。」

我一邊為她豎起大拇指，一邊繼續問她：「那麼，你原來期待的關注、關心和陪伴怎麼得到？還有，你怎樣處理你的失望呢？」

她停頓了片刻，像是下了很大的決心：「是的，我不再期待他能夠時刻陪伴我，儘管有遺憾，我也能接納；我現在覺得，我心裡很有愛，很有力量，很穩定。我可以學習自己關心、關注自己，自己陪伴自己。」

說完，她起身走到諮商室的窗邊，向外看了好一會。然後，她轉過身來，笑著說，她不覺得自己可憐了，還有一份輕鬆、自由、愉悅的感覺冒出來，甚至想在這裡跳起來。

那就來吧，讓我們一起跳起來。

我想起了尼采的那句話：「每一個不曾起舞的日子，都是對生命的辜負。」

案例6

讓自己在內心長大

天真、孩童式的愛情遵循下列原則：「我愛，因為我被人愛」。成熟的愛的原則是：「我被人愛，因為我愛人」。

——佛洛姆（Erich Fromm）

我就是想要一個女兒

啟亮牽著妻子月蕾的手，一起走進心理諮商室。他們一起面對需要解決的問題，這是一種勇氣，也是一種智慧，令我欣賞和敬佩。

按照慣例，我先介紹諮商的原則和方法，然後問他們：「是為哪方面而來？」

啟亮回答說，這段時間以來，他倆為要不要再生個女兒的事情爭執不下，激烈到要不要繼續一起過下去的程度了。

原來啟亮和月蕾已經有兩個兒子。剛生完老二不久，月蕾就吵著要再生個女兒。啟亮很為難，老大剛上小學，老二還小，已經夠忙的了，壓力也大；他們都是快四十歲的人了，父母身體不好，不能幫忙帶孩子，啟亮覺得真的不能再生了。

月蕾不說話，坐在那裡斜眼看著啟亮，積怨已久的感覺。

我溫和地轉向月蕾，問她：「顯然，你不同意是吧？」

她說話聲音很低，卻透著一股執著：「我就是想要生一個女兒，為什麼不行？」停了一會兒，她又解釋說：「我就是覺得，兒子是為他們家生的，女兒才是為我自己生的。」

啟亮看看我，搖搖頭：「小蕾就是這麼堅持，誰都說不動她。」他其實還有一個擔心，就是怕影響孩子。懷老二的時候，她一直希望是個女孩，結果又是個男孩，她就特別失望。有時候，她的這種失望和遺憾溢於言表，甚至說過寧願拿老二去換個女兒之類的話，這對老二也太不公平了。

女兒是媽媽的好閨蜜

月蕾看起來有些激動，但張了張嘴，又很快低下了頭，一副黯然神傷的樣子。

我鼓勵她：「月蕾，你有什麼想說的，可以在這裡暢所欲言。」

月蕾說：「我很生氣……我想反問，不讓我生女兒，這對我公平嗎？但是……這也是我特別難過的地方，親戚朋友也沒有人支持我，都說我無理取鬧，可我就是想生個女兒，女兒才是媽媽的好閨蜜，才能和我最貼心啊。」

我停頓兩秒鐘，關切地問月蕾：「你這樣說的時候，內心的感受怎麼樣？」

她沉下臉：「生氣……難過……孤單、無助，閒下來的時候覺得很無聊……」

我讓她在這樣的感受裡待一會，任憑這些情緒起起落落，來來回回，不評斷，不對抗，只是「靜觀其變」，就像看藍天上飄浮的白雲。

直到她漸漸地平靜下來，我試探著問月蕾：「所以，想生一個女兒，一個媽媽的好閨蜜，能好好陪你是嗎？」

她看起來有些不確定，說：「也許是吧？……不知道為什麼，我好像特別需要有人陪伴……當然，我想生個女兒，主要是為了……好好地去愛一個小女孩，好好對她、滿足她，把她打扮得漂漂亮亮，讓她開開心心。」

我說：「我聽到這裡，感覺有一層意思是，對你而言，老公和兩個兒子的陪伴還不夠，是嗎？」

一聽，月蕾的眼淚就下來了，說：「您問問他，在家陪我的時間一個月加起來有幾天？即使在家，他也寧願把時間花在兒子身上。還總說我像個小女孩一樣纏人，甚至說，他已經有一個女兒了（指我），不能再要一個女兒了……可是，他哪裡把我當女兒養了呢？」說著說著，更傷心了。

我溫和地望著月蕾，讓她慢一點，給自己的傷心多一點時間，就像看到一顆石頭投進水中，等著波紋緩緩擴散，慢慢平靜下來……

我轉向啟亮：「你知道月蕾很希望你能多陪陪她嗎？」

啟亮面露愧色，說：「我其實知道，我陪她的時間的確不多，公司忙，總是出差……回家後又覺得我是兩個男孩的爸爸，應該多陪他們玩……也是想讓小蕾喘口氣，沒想到……」

我請他把這些話直接告訴月蕾。

啟亮轉過身，充滿關愛地看著月蕾，說：「聽你剛才的話，我心裡很難過，我答應過你，要給你幸福的，我願意調整工作，以後儘量安排時間陪你。」

我給他們一個作業：制訂一份雙方有共識的陪伴清單。

希望把自己再養一遍

再來的時候，他們交給我一份電腦列印的陪伴清單：

1. 每年一次不少於七天的家庭假期
2. 每月有兩個週末全家人一起到公園遊玩、散步等
3. 每月安排一次不少於三小時的兩人時光，比如燭光晚餐、看表演、看電影等
4. 每週有兩個晚上，抽出十五分鐘左右的時間，一起聊聊當天發生的事情……
5. 還有儘量少在家裡接電話、談公事、少滑手機、不抽煙等等，主要是對啟亮

的要求

我很欣賞他們解決問題的決心，問月蕾：「制訂了這個清單，你感覺怎麼樣？」

月蕾笑笑：「感覺踏實了一點……主要是，他也實在做不到更多了。」

我直白地問她：「你的意思是，你本來想要的更多？」

月蕾不好意思地笑笑，輕微地嘆了口氣。

我問啟亮：「你呢？看著這份清單，你的感覺如何？」

啟亮再讀一遍清單：「還……好吧，我願意努力……」然後，看一眼妻子，停頓一兩秒鐘，說：「嗯……我……其實有點擔心，即使做到了這些，小蕾也可能不滿意……」

啟亮低下頭去，不看月蕾，也不看我，只是盯著地板。過了好一會兒，他才嘆口氣說：「唉！說實話，不知道是做為男人我不夠強大呢，還是別的什麼原因……我有時候就是覺得很有壓力、很沉重，感覺自己……是在養三個孩子……」

想起他們前面提到的，我邀請啟亮站起來，把內心的感受外化出來。

我把一個大包包放在他左手裡，代表大兒子；示意月蕾抓著他右臂右手，蹲在地上往下拉；把一個包包綁在他左腿上，代表二兒子……

啟亮感覺了一會，說頭上還要頂個沉重的包包，叫公司；右腿上也要綁個包包，叫父母……我都一一找東西來代表。最後，啟亮「全身武裝」，默默地站在那裡，嘴裡不斷地用力喘氣，然後轉向我：「是的，我有時候就是這樣，特別累……」

我們在那裡待了好一會兒，什麼都不說。

然後，我問啟亮，他想要的畫面是怎樣的？先不用考慮可能性，他希望怎麼調整畫面？

啟亮伸出右手，拉起月蕾，牽著她的左手，和自己並肩站著；左手牽著大兒子，月蕾右手牽著二兒子；然後，把頭上、右腿上的包包都放下來，長長地呼了一口氣。一家四口由排成一排到圍成一圈。

他滿意地點點頭：「就是這樣的，我倆肩並肩、手拉手，一人牽著我們的一個孩子，相互支持，相互陪伴……這樣的時候，我感覺特別有力量，公司、父母也都不再是沉重的負擔了。」

我讓啟亮在他理想的畫面裡待一會兒。**一個人被支持、被滋養，就會啟動內在的力量更好地呈現出來。**

我問啟亮：「此刻，再看看那份陪伴的清單，感覺會不同嗎？」

他再次拿起清單，然後用力地點點頭：「我好像更有信心做到這些了。」

我轉向月蕾，在目前一家四口的關係上，她理想的畫面是怎樣的？她幾乎想都沒想就告訴我，和啟亮的畫面一模一樣。這讓我們每個人都眼前一亮，他們描繪的家庭藍圖是一樣的，那就是方向啊。

我先後和他們兩個人對視了一下，然後明知故問：「對比你們理想的畫面，和現在最大的區別是什麼？」

問題就在這裡：「我希望妻子能像成人一樣支持我，但……」啟亮說，月蕾很可愛，但更像個小孩子。熱戀時，有一次月蕾問他：「我能叫你『爸爸』嗎？」當時他覺得好玩，現在忍不住會想，她是不是有時候真把他當成父親一樣要求了。

再看月蕾，眼淚已經掉下來。

我等了差不多一分鐘的時間，關愛地看著她，問：「月蕾，如果你的眼淚會說話，它想說些什麼？」

月蕾斷斷續續地說：「他以前從來沒有在我面前暴露過他的累，我很心疼他……我剛才蹲在那裡往下拉他，也很不舒服，我也想站起來。可是，我好像站不起來，很無助，甚至有點恐懼……」

我繼續停頓，問月蕾：「你這樣表達的時候，感覺一下，你的年齡有多大？」

「七……八歲吧？或者再小一些。」

我緩緩地說：「謝謝你的誠實……所以，那個七、八歲的小月蕾，特別需要有人像父親一樣保護和陪伴，是嗎？」

月蕾承認：「應該……是吧，反正，我從小就渴望如父如兄的愛……這也的確是我從啟亮身上想得到的。」

我點點頭，決定大膽提出心中的一個疑問和她核對，也是我之前從她那裡聽到的另一層意思。我嘗試著問：「月蕾，我想再往前跨一步，也許這一步跨得比較大，也許不適用你的情況。如果不適合，請你別介意，可以嗎？」

經月蕾同意，我直接問她：「你想生一個女兒，好好地把她養大，你想做她的好媽媽，啟亮做她的好爸爸。也許你沒有意識到，其中有沒有一些成分是……你希望把自己從小到大好好地再養一遍？」

月蕾聽了，顯得很驚訝，啟亮也愣住了。

時間一分一秒地過去。

最後，月蕾嘆口氣，承認也許她潛意識中是這樣。她舉例說，她看見一些小時候自己想要而沒有得到的東西時，比如布娃娃、漂亮的衣裙等，就特別想要有個女兒，然後都買給她，讓她漂漂亮亮、快快樂樂，也許，這根本上是為了彌補自己的缺憾。

彌補童年的缺憾

我問月蕾：「你對自己的童年不滿意嗎？」

月蕾低下頭：「非常不滿意。」

月蕾從小在養父母家裡長大，但她一直不曉得。直到上了高中，有一天，和她同校的女生對她說：「你是我的親妹妹，你的名字原來叫小琳。」祕密才被揭開。

原來，在她兩歲多、姊姊四歲多的時候，她們的親生父親不幸在工地出意外身亡，半年後經人介紹，媽媽認識了一個男人，幾個月後準備重組家庭。但男方的父母覺得帶著兩個女孩負擔太重。媽媽幾經周折，托人幫月蕾找了個好家庭，把她送給了一對不能生育的中年夫妻。

月蕾說，其實養父母對她很好，但她心裡總是不踏實，「總覺得有些地方不對勁，心裡很彆扭，和爸媽有距離感」。

因為不止一個小朋友直接或間接地告訴她，她不是父母親生的，加上他們的年齡也明顯偏大，所以，她從很小的時候就懷疑自己的身世。此外，養父母對她有很高的期待，也讓她一直感到壓力。

但是，姊姊來找她，讓她非常非常生氣，一直不理她，還警告她以後不要再來打擾她。

我關切地問月蕾：「現在和親生母親的關係怎麼樣了？」

月蕾低頭不說話。啟亮接過話題，替她回答：「還是過不了心裡的那一關。」

接下來的幾次諮商，我們都集中在月蕾和親生父母的關係上。在處理和親生母親的關係時，我們用類似「空椅子」技術，讓啟亮坐在對面的椅子上代表「媽媽」，月蕾得以有機會直接表達心中一直難以釋懷的恨與怨：「我恨你，你不配做我媽媽，你遺棄了我，你太狠心了，我絕不會原諒你的！」

然後，我讓她和「媽媽」換位置，坐在代表「媽媽」的椅子上。

我把剛才「女兒」的話重複：「媽媽，對面是你的小琳，她說她恨你，你不配做她的媽媽……做為媽媽，聽小琳這樣講，你的感覺如何？想對小琳回應什麼嗎？」

「媽媽」大哭：「小琳啊，你這麼說，我好難過……我已經為這件事後悔大半輩子了，我也恨我自己，也不能原諒自己……小琳，媽媽對不起你……」

平靜下來，我讓月蕾坐回自己的位置，問她：「這有可能是媽媽的心聲嗎？」她說，姊姊曾經這樣說過，媽媽覺得沒臉見她，才讓姊姊來找她，她剛才在「媽媽」位置上的體驗也是這樣的。

我向她複述「媽媽」的話：「月蕾，你媽媽說，因為把你送人，她已經後悔大半輩子了……」就這樣，慢慢地，她體驗到了媽媽當時的難處、內心的掙扎、對她的思念和牽掛……她和扮演母親的啟亮抱頭痛哭……她決定放下恨，讓母女之間的情感真正地流動起來。

處理和親生父親的關係時，月蕾不曾想過，自己對完全沒有印象的父親，內心有那麼多的未滿足的期待，還有憤怒：「你把我們全都丟下不管……」

之後我們又處理了她和養父母的關係。

陪月蕾經歷過這一切，啟亮說了一句令人動容的話：「小蕾，你太辛苦了，我以後再也不說你無理取鬧了。」

邀請心中的小女孩長大

做完這些，月蕾覺得壓在心裡很多年的石頭終於落地了。她感嘆命運讓她背負了太多，她寧願小時候多受點苦，也要和其他小孩一樣，在親生媽媽的身邊長大。

但她不再覺得自己那麼可憐了，她看到了，在成長的過程中，她很堅強、自立、智慧、寬容和有責任感……過去，她把這些說成是為了生存而不得不具備的能力；現在，她看到了，這是自己所擁有的寶貴財富。

她還向我展示了一個畫面：她站在前面，背後有母親、父親、姊姊、養父、養母，他們在用不同的方式支援她。她說：「我一直以為我很可憐，哪裡都不是我的家；現在，我體驗到，這兩個都是我的家，他們都是愛我的家人，我擁有來自父母的雙份的愛，儘管也有遺憾，但我接受了，我很富有，心裡很感恩這一切。」

我開心地笑了，問月蕾：「我們可以慶祝了嗎？慶祝你真正成年。」

月蕾看起來還在感動中：「嗯！真正成年，我好像更有力量了。」

回到生女兒的問題上，我問她：「還期待把自己從小到大好好養一遍嗎？」

月蕾露出調皮的笑容：「當然想啊，可那是不可能的。」

停頓一會，月蕾不好意思地問我：「老師，如果某一天，『可憐小女孩』的感覺又來了，又想任性、耍賴了，我該怎麼辦？這種可能性，還是會有的吧？」

會的，成長不可能一蹴而就，是一個過程，也許會時好時壞，但改變始終是可能的。我很欣賞月蕾願意持續學習、不斷提升自己的積極性。

我建議她，每一次都去聯結自己成熟、穩定、有力量的部分。此外，還可以做兩個小練習，或者說小遊戲。

第一個遊戲是「做自己夠好的媽媽」。月蕾是個媽媽，對當個好媽媽的經驗很豐富，比如兒子傷心、難過了，都有很好的安撫兒子的經驗。

「**做自己夠好的媽媽，意味著當你回到一個受傷的小女孩時，也能聯結到一個成熟、穩定的好媽媽的力量**，像一個好媽媽一樣對待『她』，比如傾聽她、安慰她、鼓勵她，甚至擁抱她。」

諮商室常常是第一個演練場，我們還當場做了練習。小時候，有次她看到一個小朋友頭上戴著一個漂亮的粉藍色蝴蝶結，她非常喜歡，可她始終不敢開口要求父母買給她。她說她想過無數次，如果自己有個女兒，一定會滿足她這個願望。（我提醒她，看到了吧，那實際上是誰的願望？）通過練習，那顆抱憾的心靈得到了安撫，體驗到了滿足。我說：「體會那份滿足，然後邀請那個受傷的小女孩慢慢長大。」

第二個是需要丈夫參與的「五分鐘練習遊戲」。當妻子內在處在小女孩的狀態時，特別期待丈夫像父親一樣保護、關愛自己。這時，啟亮可以和她約定，扮演五分鐘的「好爸爸」角色，在這段時間裡，允許她撒嬌、耍賴，甚至提無理要求，「好爸爸」不生氣，只呵護她、寵愛她，盡可能地滿足她；五分鐘後，兩個人回到兩個成年人平等的互動關係中。還設定了「暗號」：在小女孩狀態時，月蕾自稱「小蕾」，啟亮也稱她「小蕾」；回到成人的狀態時，就不再這樣稱呼，月蕾用「我」，啟亮稱呼她「月蕾」。

佛洛姆認為，「天真、孩童式的愛情遵循下列原則：『我愛，因為我被人愛』。成熟的愛的原則是：『我被人愛，因為我愛人』。」也許，每個女人的內心都想找到如父如兄的愛，圓自己一個美好童年的夢想，只是程度不同，但是，美好而穩固的婚姻更需要兩個成熟的人一起守護，所以，儘管偶爾父女式的互動可以增加生活的樂趣，但如果成為一種相處模式，則需要有所覺察和改變。

案例7

對自己的愛有信心

信任與否可以是一種選擇。正如佛洛姆所說，愛情的基本條件是「對自己的愛有信心，並相信它能喚起別人的愛，相信它的可靠性」。

這樣的人，我能相信嗎？

人如其名，君蘭美麗大方、清秀高雅，恰似一株儀態雍容的君子蘭。聽到我這樣解讀「君蘭」這個名字時，她說，以前的同學也這樣說。然後她問我，知不知道蘭花中還有一種叫「天逸荷」，圓頭、矮種、皺皮、荷瓣、素心、黃花、無雜色，被稱為稀世珍品。她說她先生的名字就叫「天逸」。

當然，這是她們相戀之後才知道的。曾經，他們相信這是上天的安排，是真正的

「天作之合」。當然，說天逸是稀世珍品，是有點誇大了，但他的確很優秀，從大學時期就表現出過人的才華，學習成績、管理能力等都略勝一籌。畢業後他先是在一家國營企業工作了幾年，後來辭職成立了自己的網路公司，憑藉專利技術、管理技巧，很快便在發展客戶和開拓市場方面殺出重圍。十幾年來，他的公司、他領導的團隊，呈現一幅生機勃勃的景象。

生完兒子以後，君蘭辭職在家，只要她想，她完全可以做一個「十指不沾陽春水」的貴婦。但是她偏不，堅持要自己養活自己。在孩子上了小學三年級之後，她在一家家教機構重新找到了一份管理職。

告訴我這些之後，君蘭苦笑著搖搖頭：「大家都說我倆天生一對，可我們就是過不好。」

君蘭說，促使她前來諮商的重要原因是，她好像陷入了一個迴圈：每當天逸出差的時候，她就好想念他；可是，好不容易等到他出差回來了，因為溝通不順、還要伺候他，心情又變得煩躁起來，開始期待他出差……以前，她覺得這是因為自己太以先生和孩子為中心了，以為找一份工作、分散一下注意力就好。這些努力實際上沒什麼效果，特別是當他長時間出差，她就會莫名感到空虛寂寞，可出差對於先生來說又是家常便飯……

她有時會有離婚的想法，更可怕的是，她偶爾會一閃而過，天逸在外發生意外……那樣的話，她當然很悲傷，但好像會心安一些。之後，她又恨自己，怎麼能有這麼惡毒的念頭……

我讓君蘭慢下來，深呼吸，留意身體的感覺，覺察內在的感受和來來去去的念頭，有什麼畫面、感受，不用評判，不用選擇措辭……就讓它們自然地呈現出來。

君蘭坐在我的斜對面，閉著眼睛，以她的速度斷斷續續地說：「他剛離開的時候我感覺很自由、放鬆……我可以做自己想做的事情……

「他在外面有個精采而廣闊的世界，叱吒風雲、如魚得水……外邊也有很多的誘惑，他有我完全不知道的生活……

「我對他感覺很陌生……他匆匆掛斷我的電話，我垂頭喪氣……很可能，有些事情，我是最後一個知道的人……我太傻了，太不值了……」她睜開眼睛，說就是這樣的「內心戲」一遍遍地上演、格放，讓她夜不成寐，整個人都要被耗盡了。

說到這裡，她說有點理解自己的「一閃而過」了，也許在心裡的某處，她會覺得如果他出了意外，那麼這一切就不會發生，她所謂的「安心」也許正出於此。

我有意識地讓她停頓一下，然後輕輕地問她：「這些，天逸知道嗎？」

君蘭說：「想他出意外的事，我當然不能說，其他的他知道，答案很明確，什麼事都沒有。」

天逸說她沒事兒找事，自己嚇唬自己。出差的日程本來就安排得很緊湊，正事都忙不過來，哪有心思做那些亂七八糟的事情？他不是那種人，有時還跟她吵，甚至吼她：「我怎麼做你才能放心？逼我把心掏出來給你看嗎？」

我問君蘭：「這種不踏實的感覺有多久了？」

君蘭說，婚後沒幾年就發現他「張口就是謊言」，比如：他明明在家，因為不想參加朋友聚會，假情假意地打電話告訴人家，他很想參加，但出差在外……「生病了」、「去參加孩子的家長會」、「路上塞車」等等，隨口就是一個謊。這樣的次數多了，她開始懷疑他，心裡不踏實。

「我偶爾需要找藉口的時候，他的主意總是比我的更好、更多。」

君蘭問我，「您說，這樣的人，我能相信嗎？」

把重心放在自己身上

我跟她核對諮商的具體目標：「你希望我可以在哪個方面幫到你？」

「我很想請您告訴我，天逸到底值不值得我信任？」話剛說出口，君蘭就像是意識到了什麼，搖搖頭說：「來的時候似乎是這樣想的，但是不可能……您不可能告訴我。我為此辛苦了好久，但也沒能知道這個問題的答案。」

接著我問她：「你說辛苦了好久，是不是說，你曾經非常努力地尋找他值得或者不值得你信任的證據呢？」

她點點頭說，儘管她不像常聽說的那樣，打電話、看訊息、查定位，但確實也會假裝無意、實則有心地問一些細節，跟丈夫周遭的人建立關係使其做為眼線……又怕露出馬腳。君蘭說她在這方面很笨，所以很累、很辛苦，但徒勞無功。

我想起歐文・亞隆（Irvin Yalom）的小說《當尼采哭泣》（*When Nietzsche Wept*）中，布雷爾和尼采的一段對話，當布雷爾醫生問：「我如何才能在不經證明之下去相信呢？」尼采回答：「證明是極端複雜的……我甚至不確定我應該自找麻煩，把時間奉獻給獲得宇宙論的證明。」

君蘭很同意這個觀點，說過去這些年，她對天逸的信任像蛛絲般命懸一線，害怕自己將來「落得一場空」，於是不斷給自己期許，要勤奮、要獨立，以便在不得已的時候可以「華麗的轉身」……

她說，這樣實在太累了，真的繼續不下去了。

薩提爾家族治療大師瑪莉亞・葛莫利這樣說過對自己的相信：「相信自己是你自己要努力做的，沒有任何人能將『相信』送給你。」我在想，這是不是也適用於對別人的相信呢？

我用絨毛玩具代表他們夫妻，為她呈現出：一方面，她是如何把關注點、把主動權放在了天逸那裡——他的一點風吹草動，在她這裡就會引起軒然大波；另一方面，她隨時準備轉身，這又如何讓她自我消耗，同時又會怎樣影響他們之間的關係。

君蘭拿過去那兩個絨毛玩具，自己擺弄了一陣子，然後低下頭，用雙手支撐著，再一次體驗「太累了」。

我慢下來，讓她和她的累待一會兒，身體怎麼舒服就怎麼待著……關注呼吸，然後，我低聲帶領她進入冥想，主要是讓她放鬆、安全、有支持感。

幾分鐘時間過去了，她的面容平靜了很多。

然後我問她：「是時候了嗎？你把重心放在自己這裡，把主動權握在自己手裡？」

安全感是自己給的

這時候，她內心的不安全感、和原生家庭關係的議題浮出水面：父母之間的爭吵、打罵給她帶來的恐懼和不安全感；她懷疑世間是否真的存在美滿的婚姻；從母親那裡學會的處理矛盾的模式，即一忍再忍直到忍無可忍的爆發，導致關係遭到破壞；她拒絕別人幫助的習慣，假裝自己可以承擔一切；在婚姻裡，因為不敢依賴他，就表現得不需要他、不在乎他。

青春期的時候，她把自己的名字從「軍蘭」改成「君蘭」，那是對父親的一種無聲反抗：父親是一名軍人，幫她取了這個名字，對她嚴厲、很少肯定她……她發現，她把這些感受、觀念甚至決定都不知不覺地帶進了自己的婚姻裡。

通過幾次諮商，她和父母有了一定程度的和解和原諒，學會了及時、平靜地表達自己的情緒和需求，慢慢地找到了那種「我們既是兩個獨立的個體，又在內心聯結」的感覺。

回顧這樣的成長經歷，我們一起去看她當時學會了什麼？是否還適用現在的情況？磨練了什麼樣的品格？可以怎樣幫到現在的自己？

最後，我拿出一些準備好的絨毛玩偶，讓她從中找一個代表自己，放在桌子中央，放上寫著「自己」的紙條，把她在前面提到的，以及通過轉化而來的一些好的特質，一一用彩色筆寫在另外的紙條上，放在其他的絨毛玩偶上，這些品格圍繞在「自己」周圍：聰明、好學、毅力、自立、謹慎、勇敢、善良……儘管這些都是她之前提到的特質，但她還是有些懷疑，又經過了一番確認。

我讓君蘭用心感受這個畫面。

時間一分一秒地過去，君蘭默默地坐在那裡，很感動。

後來，她從我的彩色筆盒裡拿出一支紅色的筆，象徵性地在那一圈玩偶的外邊又畫了一圈，她說這一圈代表了愛她、支持她的人很多：母親、父親、哥哥、天逸、兒子、表姊、兩個老師、三個朋友……

她哭了，說：「我明白了，真正的安全感在我的內心。」

信任是低成本的選擇

回到信任的議題上，她猶豫不定的像是在問我，又像是在自言自語：「也就是說，我在沒有證明他不值得信任之前，可以選擇懷疑他，也可以選擇信任他？」

我同意她說的，信任與否可以是一種選擇。正如佛洛姆所說，愛情的基本條件是「對自己的愛有信心，並相信它能喚起別人的愛，相信它的可靠性」。

君蘭點點頭：「當初決定和他結婚，就是選擇了信任。」她補充說，那時就有一種「我拿青春賭明天」的感覺。「後來，好像有點不敢賭下去了。」

很突然的，君蘭反過來問我：「您能告訴我實話嗎？您也是這樣嗎？」

我非常誠實地回答她：「是的，我也一樣，我選擇了相信。其實，我也不敢保證什麼，但還是敢於下這個『賭注』，願意冒這個風險。」

她點點頭：「也許，與其說是他值不值得信任的問題，不如說是我敢不敢、要不要選擇信任的問題。」

是的，正如佛洛姆所說：「愛人不僅是一種強烈的情感——而且也是一項決定，一種判斷，一個諾言。如果愛情僅僅是一種感情，那愛一輩子的諾言就沒有基礎。」

她本來就有點天真，天逸也都這麼說她。一開始沒想太多，後來越想越怕，如果他騙了她怎麼辦？可是，沒有了信任，也就沒有了在一起的基礎，即使在一起也很難體會到幸福。

「您說，我怎麼從什麼都沒想的坑裡爬出來，卻又掉進了不信的泥潭呢？」

我想讓她說得再具體一些，問她：「你說的什麼都沒想是什麼意思？」

君蘭回答得很快：「就是直接地相信他，在心理、經濟上完全依賴他。」

我點點頭說：「聽起來，你現在已經不是在心理、經濟上完全依賴他，已經不是簡單地『什麼都沒想』了，是嗎？」

她不好意思地說：「但似乎又走到了另一個極端，不想跟他扯上任何關係。」

我同意她說的「兩個極端」，核對了她進一步的解釋：要嘛不加思索地完全相信甚至依賴他，要嘛是不加思索地根本不相信他。

我拿出一張白紙，在上面用筆劃了一條線，左端寫上「什麼都沒想」即完全相信，右端寫上「不信」即完全不相信，在兩個端點中間不同的位置上又標出幾個記號，提醒她，其實中間還有很多點可供選擇。

她看著這條簡單的線，拿筆把中間位置的記號一個一個改畫成小人，然後充滿啟發地說：「原來，相信可以有幾分相信、幾分不相信；可以根據不同的事件有不同程度的相信。」

我想在信任的議題上再推進一步，試探地邀請她：「我們可不可以再冒一次險，看看如果你信任他、被他騙，到底有多可怕，可以嗎？」

君蘭先是驚訝，似乎想說：「難道這還需要看嗎？」但她還是決定嘗試一下。

我引導她試著進入這樣的感覺：「一個將近四十歲的成年女性，擁有很多的能力、很多的資源，能應對生活、工作中的很多挑戰，有很強的學習動機和能力……」帶著這樣的體驗和感覺去看。

她慢下來，閉上眼睛，像是下了很大的決心去面對：「他在感情上欺騙了我，我是最後一個知道的人……我很傷心、很傷心……我要和他離婚……我需要一個人帶孩子……其實現在也差不多是我一個人帶孩子……我要想辦法減少對兒子的影響……很可能我不會再結婚……經濟上應該不怎麼缺錢，我薪水不多，但維持生活基本沒問題……別人的眼光……唉！管不了那麼多了……」

她睜開眼睛，很明顯的失落和悲傷，但還算穩定和平靜：「我曾經以為如果走到那一步我就死定了……剛才的感覺，好像也沒有想像的那麼可怕……不過，這仍然不是我想要的。」當然，這根本不是我們要的目標，「此刻，覺察一下你的身體，感覺怎麼樣？」

君蘭長長地呼出一口氣：「……好像多了很多力量。」

是的，如果最壞的結果都能接得住，一個人的恐懼感就會減輕，勇氣就會提升。

君蘭沉吟道：「從我的痛苦經驗來看，也許，信任是低成本的選擇。」她還需要一點時間去思考，沒有問題，這樣的決定很難，也不需要馬上去做，慢慢來。

回頭看天逸的「張嘴就是謊言」，君蘭願意將「謊言」和「藉口」區分開來，認為他說的話並不等同於他這個人，他對別人和對她也不一樣。這樣的轉念，還是讓她感覺輕鬆了很多。

熱戀，像從未受過傷一樣

最後一次來，君蘭跟我講了她朋友的故事，說她知道該怎麼做了。

她的好朋友，早早地戀愛、結婚，結婚十年時先生出差半年，回來提離婚，說和一個小他幾歲的女同事在一起一段時間了。她離了婚，很痛苦，恨對方無情，恨自己太傻……

兩年後，她遇到一個人，和他結婚去了外地，養育了一雙兒女。

君蘭前陣子和她見面，說起這一段經歷，這位朋友說：「現在回憶起來也沒什麼，和前夫在一起的十年，就像和玩伴在一起，整體上是幸福的；現在埋首於日常瑣碎的生活，是踏實，也是幸福；中間那兩年時間，的確過得很痛苦，也是人生中一個很重要的過渡和轉折。但是人活著，哪有不辛苦的時候呢？」

君蘭問她，有沒有因為前夫的不忠就懷疑現在的先生？

她搖搖頭：「前夫和現在的先生是兩個不同的人，我不想把在一個人身上得到的經驗，轉嫁到另一個不同的人身上。重要的是，我不是一個精明的人，做不到處處設防、時時監控，那樣太累了，我消耗不起，再說，有什麼用嗎？」

朋友轉述先生曾經對她說的話：「我愛的就是你的簡單和善良，你對我的信任令我感動，我怎麼捨得傷害你？」

講到這裡，君蘭感嘆：「也許，這就是所謂『相信相信的力量』吧！」

她最後說，那位朋友還開玩笑，說自己也算是有經驗了，所以不想活在對未來的恐懼裡，就是踏踏實實過日子，遇到什麼問題就解決什麼問題。

我說：「『不想活在對未來的恐懼裡，就是踏踏實實過日子，遇到什麼問題就解決什麼問題』，我可不可以理解為，這也是你目前的選擇？」

她點點頭，我從她的目光中看到了堅定，也讀出了她的無畏。

我想起了馬克・吐溫（Mark Twain）的話：「跳舞，像沒有人看著那樣；熱戀，像從未受過傷一樣；唱歌，像無人聽著那樣；活著，就把人間當天堂。」又想起了羅曼・羅蘭（Romain Rolland）所說：「世界上只有一種真正的英雄主義，是認清生活的真相之後依然熱愛生活。」

忽然，我也感動起來。

是啊，這不是一個完美的世界，但仍然值得我們投入地愛、投入地生活，也許會受傷，療好傷，我們還是可以繼續投入地愛、投入地生活。

諮商師解讀

親密關係中的情緒管理

情緒是身心健康的溫度計，平和而穩定的情緒不僅是一個人心理健康與成熟的標誌，也是身體健康的保證。

越來越多的研究表明，不良情緒會以「攻擊」身體器官的方式來消化自己，身體最容易受到情緒影響的是消化系統、內分泌系統和皮膚。激烈、持續或頻繁的負面情緒，還會對人與人之間的關係產生破壞性影響，而且越是親密的關係，越是容易受到影響。

瞭解情緒的來源

情緒看起來有些莫名其妙，好像說來就來、無法預測，也很難抵擋得住，其實，每一次情緒的出現都有其理由。情緒的來源主要包括以下幾個方面：

❤從原生家庭帶來的情緒

在前面的案例中，岩麗的孤獨和悲傷、月蕾的可憐和受傷、君蘭的不安全感和恐懼等，這些她們小時候經常體驗到的情緒，因為沒有得到好好的處理，時間長了，就成了她們情緒的主調，比如「孤獨和悲傷就像長在岩麗的身上一樣，如影隨形」。

這些隱藏起來的情緒，一旦被現實生活中類似的事情引發，就會「啟動」舊有的情緒，使「新愁」和「舊恨」疊加交織在一起，更加難以處理。比如，岩麗在婚姻裡體驗到的孤獨，實際上是疊加、交織了過去在原生家庭中的孤獨，和現在家庭中丈夫陪伴較少帶來的孤獨。

如果不能覺察過去情緒的一貫影響，處在這樣的情感中，一個成年人很可能會重新體驗小時候的情緒。那麼，現實生活中，我們如何知道情緒是源於現實生活，還是疊加了過去未被處理的情緒呢？

一般說來，是否疊加和交織了舊有的情緒，情緒的強烈程度、持續時間的長短都會不一樣。**如果一件很小的事情卻引發了很大的情緒，而且久久難以平復，「越想越傷心」，就有必要有意識地覺察：是不是有被壓抑的過去的情緒？**此時，可以有意識地問自己類似這樣的問題：「你這樣看自己，覺得自己不重要、可憐、沒人關心，有多久了？」或者類似文中我問月蕾的問題：「你這樣表達的時候，感覺一下，你的年齡有多大？」如果答案是很久了，或者感覺自己還是個孩子，很可能當下的情緒不只是因為此刻的事情，還包含著未被處理的過去的情緒。

如果成長過程中，有明顯的創傷性事件，可以參考文中的做法，以今天成熟、穩定的自己理解、陪伴、支持小時候受傷的自己，邀請他在內心慢慢長大；和成年人如父母的和解，建議在專業人員的支持下完成，通過體驗性的過程，讓壓抑已久的情緒得以流動，聯結自身的力量和資源、聯結父母的愛與情感，接納父母或他人的局限，增加對他們的理解和包容。

♥來源於觀點、想法和對事情的解讀

往往引起我們情緒的，是我們對事情的解讀而不是事情本身；同樣的事情，解讀不同，觀點、想法不同，我們的感受和情緒也不同。

以第四個案例的岩麗為例，以下這些觀點和看法都影響了她的情緒：

「對老公的看法，我覺得他整天只顧賺錢，也不管我們母子倆；而且，他不像以前那樣重視我了……」

「關於我自己，我就覺得，做為一個全職媽媽，我變得越來越不重要了……」

「我甚至想，自己要是個男的該多好啊，就不用像現在這樣了，整天瞎忙，還忙的沒有成就感。」

「她總感覺，好像他們四個是一家人，而自己則是那個不受歡迎、多餘的人。」

哲學家威廉・詹姆斯（William James）曾經說過，「我們這一代最偉大的發現是，人類可以透過改變思維態度，來改變生活。」有時候，調整或鬆動我們的一些觀點、信念，也會緩解負面的情緒體驗。

還以岩麗為例，她後來改變了原來的看法，比如：

「其實在男人的想法裡，賺錢養家就是愛。他確實很愛我，也不是不重視我，只是不是用時刻陪在我身邊的方式。」

「我辭職在家，其實承擔了很多家庭事務，也很重要。只有這樣，他才能放心地忙外面的事情，孩子才能安心地上學。我們是在共同支撐這個家，誰也離不開誰。」

「我現在覺得，我心裡很有愛，很有力量，很穩定。我可以學習自己關心、關注自己，自己陪伴自己。」

當然，情緒和觀點、解讀是相互影響的：觀點、看法的改變會帶來情緒的變化；在不同的情緒狀態下，人也會產生不同的觀點和想法。

♥來源於對人對己的期待

在親密關係中，一個人會對自己、對對方有期待，也明白對方對自己也會有期待。有一些期待被滿足，我們會感到滿意；有一些期待無法滿足，就會產生一些負面情緒。

親密關係是最容易產生期待的一種關係，因期待得不到滿足而產生的情緒，也因此更多。

我們以第五個案例中月蕾對啟亮、對自己、對別人的期待為例。

比如，她期待啟亮更多的陪伴，「從小就渴望如父如兄的愛」；期待能生個女兒，「希望把自己從小到大再好好地養一遍」。

她也知道，啟亮和親戚朋友期待她不要再生女兒了，「親戚朋友也沒有人支持我，都說我無理取鬧」。還有親生母親、姊姊對她的期待等等。

這些期待得不到滿足就容易產生情緒、影響關係。所以，在親密關係中，需要時時覺察和調整自己的期待。

- **可以降低自己的期待**，如月蕾降低了對啟亮陪伴的期待，知道他實在做不到更多了，所以，對陪伴清單感覺好很多。

- **可以放下期待**，如月蕾最後放下了生個女兒的期待。
- **可以替代性地滿足期待**，如月蕾由期待啟亮給她「如父如兄的愛」，到最後「做自己夠好的媽媽」。
- **可以通過滿足自己的渴望放下期待**，比如處理完和父母（特別是和母親）的關係，月蕾聯結到了愛，「這兩個都是我的家，他們都是愛我的家人，我擁有來自父母的雙份的愛」，心中的愛變多了，就不必再向啟亮和女兒要求更多愛了。

♥ 對情緒的態度會引起更大的情緒

我們常常對不接受負面情緒的自己，也會採取指責、討好、超理智、打岔等應對姿態，這往往又會加重原來的情緒，或者增加新的不良情緒。

比如第四個案例中，岩麗不能接納自己的孤獨、悲傷、難過、生氣，她對自己的應對姿態是指責的。「有一些無奈，還有一些自責」、「她很不喜歡自己這樣，一直在努力想辦法讓自己快樂起來」，結果，卻因為沒有快樂起來而加重自己的壞情緒。

「與情緒和解」六步驟

情緒屬於我們，「我善待屬於自己的一切，我的一切才願意為我而工作」。生活在這個世界上，難免會產生各種各樣的不喜歡的情緒，我們稱之為負性或負面情緒。

如上所述，情緒的處理也需要根據來源的不同而「對症下藥」。這往往需要在冷靜、理智的狀態下才有可能。那麼，在情緒來臨時，我們可以做些什麼、怎麼善待和掌管這些情緒呢？大致包括以下步驟：

♥覺察情緒並與情緒接觸

即意識到自己有情緒了。情緒來了，會感覺有些不對勁，身體就會有感覺，如生氣時，能感到呼吸變得急促，心裡有一股無名火被點燃，說話的音量不自覺地加大……覺察到這些，就及時提醒自己：我好像生氣了。對生氣的情緒保持覺知，覺察是改變的開始。

承認情緒並和情緒在一起

跟自己或者跟值得信任的人承認：我現在有點生氣、我現在有一些難過等等。透過承認，使一些模糊的感覺變得清晰，以便做好準備去面對它。

「跟情緒在一起」指的是：一方面不指責別人。是「你」生氣了，不是別人「讓你」生氣了，你為自己的生氣負責任。另一方面，不用「求生存的應對姿態」對待情緒。既不自責自己有了負面情緒，不打岔、否認或忽略情緒的存在，不逃開，也不超理智，不跟自己講諸如「人生哪有一帆風順的呢」之類的道理。就是跟自己承認、確認：我有了情緒，我會和我的情緒在一起，我會陪伴它。

陪伴情緒需要一段過程，也會遇到一些挑戰，我將在後面單獨列出一些具體方法，供大家參考。

接納情緒

可以不喜歡自己有這樣的情緒，但是接納，接納我現在有情緒，接納現實層面的客觀發生。比如，在親密關係中，對方說了什麼話或做了什麼事，我這裡有了情緒，接納它的存在，而不是去抱怨對方，也不要抱怨自己，或者追問為什麼要有情緒。接納的話，就不再對抗，不再內耗，才能把關注點放在情緒的轉化上，接納可以為我們增加力量。

看看可以做些什麼

即在接納的基礎上做出選擇，就像下雨了，你不喜歡，但是接納，不再抱怨為什麼下雨、我為什麼要生氣等，而是接納：好吧，現在下雨了，我是不是該帶把傘呢？

比如，當我的憤怒產生時，我可以選擇允許它，陪伴它，安慰它，充滿愛地告訴它：「我看見你了，我知道，你生氣了，你覺得不公平，你想反擊，我願意陪伴你，和你一起穿越……」

你會發現，當你內心不再爭鬥、平靜了，就有了力量去面對外在的所有。而這時，你的情緒狀態已經很不一樣了，你再去看你所遇到的事情，會發現事情也有了不同的解決方案。

對情緒保持好奇

情緒是一個郵差，告訴我們有哪裡不太對勁。所以，有必要在情緒的整個歷程中保持好奇。

問自己發生了什麼，自己做了什麼，讓自己有這樣的感受。這是要試圖理解自己。同時問自己，我需要什麼，我真正需要的是什麼。這是要瞭解自己深層的需求。

然後，放鬆頭腦，用心去體驗自己的需要。就像君蘭後來體驗內心的安全感一樣。通過這個好奇的過程更加瞭解自己，自己滿足自己的渴望。

欣賞感謝情緒，欣賞感謝自己

欣賞感謝這些情緒，因為它們讓你有機會瞭解自己真正需要的是什麼；欣賞感謝自己，可以這樣陪伴自己的情緒，可以這樣關愛自己；也欣賞感謝自己通過這次經歷情緒的過程，獲得更多的學習和成長。

陪伴情緒的方法

情緒來的時候，陪伴不是一件容易的事情，它需要技巧、需要耐心、需要時間。除了我們常說的找信任的人傾訴、運動等方式之外，我把幾個具體的方法簡單介紹如下，供參考實踐。

❤放鬆呼吸法

關注呼吸，放鬆身體，去覺察：我現在的感受是什麼？或者，我身體的哪個部分不舒服？然後，把注意力放在體驗感受上、放在身體的那個部位上。呼吸，特別是長長的、反覆的呼氣，直到感覺或身體輕鬆下來。

通常，這個時候會有新的感覺，比如開始是生氣，現在是難過；或者身體的其他部位感覺不舒服，如原來是肩膀，現在是胸口；再或者，有新的念頭閃過，比如「我覺得自己很無能」等。沒關係，繼續上述的過程，放鬆、呼吸，特別是呼氣……直到慢慢平息下來。

靜觀情緒法

覺察到情緒後，找一個安靜的地方坐下來，閉上眼睛，去體驗自己的情緒，辨別那是什麼，比如壓抑，你能賦予它形狀、大小、顏色或溫度嗎？是黑灰色的、大片大片不規則形狀的烏雲嗎？然後有意識地放鬆身體，覺察呼吸，看著它……它會變得不一樣，繼續看著它……直到你感覺平靜下來。

把光帶進黑暗

如果前面靜觀情緒時，如果很難給情緒賦予一個顏色、形狀，抑或是大小，甚至沒有畫面，單單就是彌漫開來的一些感覺，那麼可以分兩步：第一步，允許甚至鼓勵這種感覺擴散、彌漫到你身體的各個部位，就好像你的身體是一個氣球或者夠大的容器一樣，盡可能地充滿。不用擔心，這是充分體驗、面對過程中的必要步驟。第二步，找到你的內心之光，或者想像你帶進來一束光，哪怕它開始的時候很微弱——如果你有足夠的耐心，是可以的——聚焦在這光上，讓它慢慢地擴散開來。讓光照進來，黑暗就不見了，情緒會慢慢平靜下來。

♥坐下來寫作

我有一個經常使用的方法是，不安的時候就坐下來寫作。即覺察到自己有情緒時，可以按照「冰山」隱喻從上到下的順序這樣如實地寫下來：我現在的感受是……，比如「很生氣、難過」；我現在的觀點和想法是……，比如「我認為他對我粗暴是因為他不在意我」；我現在的期待是……，比如「期待他說話溫和」，或者「期待我自己不要太軟弱」等；我現在的渴望是……，比如「我真正想要的是被重視、被愛、安全感」。

寫作的過程是讓自己靜下來、慢下來的過程，很多新的感覺、想法、視角會在寫的過程中冒出來，比如「我認為他對我粗暴是因為他不在意我」，很可能你這樣寫出來的時候，一個不一樣的解讀就出來了，「他對誰都這樣，對在意的人也會這樣粗暴」……觀點和解讀的變化會使感受、期待的層面也隨之發生變化，情緒也會得以緩解。寫作也是覺察自己、深入瞭解自己的有效方式，是個人成長的重要途徑。

第三章

突破你的限制性信念

案例8

別站在道德的制高點

出軌最容易招致道德的批評，常常被認為是一種背叛。但是如果我們直接評判，「對」的一方缺少了成長的必要，「錯」的一方也難以找到真正的成長方向。

婚姻中的某一方出現婚外的戀情，一旦加上是非對錯，特別是道德的審判，就會使本已複雜的事情變成一道無解的方程式，怨恨的種子開始在彼此的心中生根發芽，婚姻很容易亮起紅燈。

一對年輕的夫妻，海陽和葉凡，就正掙扎在這種是非對錯的泥潭中……

出軌＝道德有瑕疵？

是丈夫海陽來找我的，比起諮商，他看上去更像是要跟我宣布一個決定。剛坐下來，他就用一種不容質疑的口氣說：「老師，我必須和我的妻子離婚，因為，她不是個好女人。」

原來，一週前，他得知妻子葉凡和另外一個男人正處在一段糾纏不清的情感中，這是他無論如何也不能接受的。而且，這個刺激使他心裡的「舊傷」復發，隱隱作痛。他想起了婚前，葉凡就曾經動搖過一次。

當時他們還是學生，有一段時間，葉凡在他和另外一個男同學之間搖擺不定。後來，她自己決定回到他身邊，說她經過慎重考慮，並且對他保證。當時，他們在一起已經兩年，他選擇了原諒，因為他真的很愛她。

這一次事情攤開以後，葉凡也是羞愧不已，一副痛心疾首的樣子，說都是她的錯，她愛海陽，可是她「自己也不知道是怎麼回事，沒抵擋住誘惑」。她說不會再和那個人糾纏，希望海陽看在多年感情的分上，能給她一次機會，共同走向他們未來。

「可是，我真的已經不能再相信她了，這種道德有瑕疵的人，我寧願放棄。」他一副心意已決的樣子。

他鄙夷地說：「她哀求我，不然先分開半年冷靜冷靜再說。哼！真夠虛偽的，自己幹了好事，還假惺惺地好像很留戀似的。早知今日，何必當初呢？」畢竟夫妻一場，他嘴上是勉強答應了，但心裡已經下定決心，時間一到，就開始自己的新生活。

我點點頭，心想，他來找我的目的是什麼呢？

我問他：「海陽，我想知道的是，你來找我，希望我可以做些什麼呢？」

他唉地長嘆一聲，說：「我就是心裡很悶，想找一個可靠的人說一說，也算是出一出氣吧。」

我送上我的關切，溫和地說：「謝謝你的信任，把你的悶說出來，讓憤怒有一個出口是非常必要的事。」經歷這樣的事情，他一定有很多的痛苦和掙扎。諮商室是安全的，也有其功能。

我讓他閉上眼睛和身體接觸：「去留意你的身體，『悶』在身體的什麼位置？去體驗那份『悶』，然後把呼吸帶到那裡……」

他右手撫著胸口說：「這裡……」

我們不說話，慢慢地，他『心裡悶』的感覺減輕了一些，卻觸碰到了內心壓抑、堆積的憤恨，並承認了這種客觀的存在：「我心裡很憤怒，憤怒到咬牙切齒；我恨她，也恨她移情別戀的那個人，我恨不得把她和那個人都痛揍一頓。

「我覺得很屈辱，她這樣對我，傷害了我的尊嚴。」

我讓他利用諮商室能提供的道具，幫助自己釋放情緒，他抓起一個抱枕，沒有動手，只是狠狠地對「她」重複了剛才的那些話。然後，又拿起一張白紙，先是一條一條的撕，然後又一點一點地撕成了碎屑，接著把碎屑狠狠地扔到回收箱裡，還不忘把散落在地上的幾片紙屑也撿乾淨，統統扔進去。

看他認真的樣子，我答應他，諮商一結束，我就把這些全都倒進外面的垃圾桶，徹底清理乾淨。他用力地點點頭。

明明都是她的錯，卻還是放不下她

等他坐下來，停頓兩秒鐘，我問他：「你現在感覺怎麼樣？」

他重新把手放在胸口，像是要再次感覺一下，緩緩地回答：「舒服一些，不那麼悶了……」

過了兩秒鐘，又說：「好像有一些悲傷……」

我請他慢一點，帶著那份悲傷，深呼吸，好像每一次呼氣，都能帶走一些傷感……慢慢地回到自己的中心。

他照我說的做了。然後，沉默了很長時間，他眼睛盯著地上，上上下下交替地咬著嘴唇，抓抓頭，甚至把小拇指塞進耳朵……淺淺地嘆了幾次氣，終於抬頭看我。

他說得有些吃力：「真是難以啟齒，做出離婚的決定時，我只是站在了道德的制高點，是她犯了錯，我想表現得無所謂，又不是離開她我就活不了，但是……我心裡怎麼也輕鬆不起來。我真的沒有想到，明明都是她的錯，我卻感覺很痛苦，居然還會想她，特別想念她……」

為了儘快忘記她，他已經開始嘗試新的關係了，可是沒有用。他說：「我恨自己，一個大男人怎麼這樣沒出息？！」

我溫和地看著他，放慢語速告訴他：「感情上的背叛不是小事情，你可以痛苦，可以想念她……但你可以停止對自己的恨嗎？這不是沒出息，相反，我看到的是，你是一個重感情的人，是一個對感情很認真、可以信任的人。」

沒等我說完，他就濕了眼眶，說聽了我的話心裡有一股暖流，感覺得到了理解。

他告訴我，他們有很多美好的回憶。

他們從高中開始就是同班同學，他們偷偷地談戀愛，是海陽先喜歡她、追求她的。那種瞞過老師、同學和家長的祕密戀情，相處的每一分每一秒好像都是他們智慧和努力的結果，因特別珍惜而變得妙不可言。

「為了能夠在一起，我們大考時還冒了一個險，不僅報考同一個城市，而且報考同一所大學，結果居然都被錄取了，真是太幸運了！」

這麼多年，都是葉凡無微不至地照顧他，高中時她就很為他著想，離家上了大學，就更明顯了。她幫他洗衣服、幫他買飯，當時還沒有手機，她甚至每天早上在男生宿舍樓下叫他起床。

「她很賢慧，結婚後，生活上的大事小事都是她照顧我，我很依賴她，什麼都不會。有一次她感冒，想吃一碗番茄放多一點、酸一點的雞蛋湯麵，我手忙腳亂，一下問她要打幾個雞蛋，一下問她該放多少鹽，一下又跑去問她太稠了怎麼辦……」

我說：「聽得出來她很愛你，很願意為你付出。」

他點點頭，說他相信她是愛他的，要不然，不可能為一個人做到以上這些。這次他提出離婚，聽說讓她非常痛苦。前幾天，她的一個好友打電話給他，想讓他去看看葉凡，說她已經重病臥床一週了，心理影響身體，嘴邊都長滿水泡了。

從海陽的表情和語調，我也讀出了他對她的疼惜。與他核對，他卻搖搖頭，不置可否：「我不理解，您說，她怎麼可以愛上別人呢？就算我平時做得不夠好，她直接告訴我，我改就行了，也不應該用這種方式對待我呀！」

沒長大的小男孩

我帶著關愛也帶著好奇，問他：「海陽，看得出，你很在意這份感情，也有自我反省的能力。你說你覺得自己有做得不好、有待改進的地方，能告訴我是什麼嗎？」

海陽老實承認：「我比較依賴她，對她的關心卻很不夠。」他說，他媽為此也提醒過他。

海陽是家裡最小的孩子，上面有兩個姊姊，父母不顧周遭反對也要生下他，才有了他。從小家裡人一直都很寵他，都上高中了，他還動不動就撒嬌耍賴，加上學習成績不錯，好像更理所應當地享受他們的照顧。

上了大學離家遠了，他也有女朋友了，好像理所當然變成一切由她管了。他生活自理能力不好，洗衣做飯等家事都做的不太好。包括最近他倆鬧離婚，怕父母傷心，更怕他們大老遠地跑過來，他都還沒告訴他們。他說：「很多生活瑣事，我以前都沒做過，分開這段時間才發現，我其實生活能力很差，還是個沒長大的小男孩。」

我很讚賞他能這樣覺察自己，這也許正是他成長和改變的契機。

他點點頭，不說話，眼神看起來有些恍惚，像是回憶起了一些什麼。

他說：「學生時期的那個男生我不認識，是一個朋友跟我說，撞見了他們在一起，很親密地分吃一串冰糖葫蘆，他很呵護的眼神，而她一副很享受的模樣。「這次，這個人是她的同事，是一個大叔，聽說很細心、很會照顧人……」

他突然停住了，久久都不說話。

然後，他更像是自言自語：「也許，我也有責任？會不會，我不知不覺中把她當成了媽媽，至少是當成了姊姊，總之，是一個關心照顧我的人，而沒能從平等的角度出發，做到夫妻彼此照顧？」

他才想起，從去年以來有很長一段時間，他和一群朋友說是要一起做點事，在一起玩得很厲害，每天很晚才回家。葉凡說過他幾回，他當時沒太在意。

他把臉轉向我，問道：「您說，會不會和其他女孩子一樣，她也喜歡被呵護、被關照甚至被寵愛的感覺，就像當年我追求她時那樣？……她講過許多次，特別懷念我追求她的那段時間，特別美好……」

停頓兩秒鐘，我才說：「被愛、被理解、被支持……是每個人都需要的，有句話不是說，『每個女人心中都住著一個小女孩』嗎？」

他點點頭，顯得有些懊悔：「嗯，可是結婚後，在我面前她變成了一個照顧者……其實在很多人面前，她都扮演著照顧者的角色。」他嘆口氣，若有所思地盯著天花板看了好一會兒。

然後，他主動要求，今天可不可以停在這裡，他需要回去好好想想。

臨走時，他說，不管結果如何，這次諮商讓他都學到了很多。他要從內心告別那個不成熟的小男孩，長大成為一個有能力、敢負責、有擔當的人，不管是對妻子、對父母，還是對別人，他都要成為一個能滿足所愛之人的需求的真男人。

我很開心他能這樣想，告訴他慢慢來。

成為生活的創造者

再來的時候，海陽說他有了很大的變化，發現承擔儘管會帶來壓力，但也增加了做為一個成年男性的力量感和自豪感。

然後，他很誠實地說，葉凡愛上別人這件事還是讓他心裡有陰影，他希望更多地瞭解自己，也想更多地瞭解妻子。

他說，上次結束後他本想和葉凡談談的，但是做不到，還是不情願。

我問他：「什麼阻擋了你？」

「我還是覺得，錯主要是在她。我即使不成熟也不是什麼違反道德的問題，她直接告訴我，我改就行了；相比而言，她犯的錯誤才是違反道德的，不是嗎？」

他從原來認為「都是她的錯」，到現在認為「主要是她的錯」、「她犯的錯誤才是違反道德的」，**觀點上的這個小移動也是值得肯定的，畢竟有鬆動呢**。

我問他，在這個諮商室裡，這種比較和判斷對於他來諮商的目標——即更多地瞭解自己和妻子——意義和作用在哪裡？

他搖搖頭，一臉茫然。

是的，這種是非對錯的評判或比較，或許可以有一個結論，卻不會為問題的解決提供方向。

於是，他同意我們換一個思路。我說：「能意識到問題，並能面對面直接、真誠地溝通當然很好。以你對葉凡的瞭解，她在溝通交流方面，平時表現怎麼樣？」

他想了想說：「高興的時候還可以，不高興的時候就把什麼都藏在心底，有什麼要求，她也從來不直說；即使問她，她要嘛說沒事，要嘛不高興了，就來一句『這還要問，你難道不知道嗎？』，可我有時候是真的不知道。」

「你是說，她有什麼需求，通常不會直接表達出來，所以，你也就不知道怎麼滿足她，是嗎？」我問他。

「是的，不是通常不會，是幾乎不會。她哪怕委屈自己，也總是想辦法滿足別人，但從不為自己提要求。」

我問他：「她有什麼需求從不直接說，在很多人面前她都是個照顧者。在你看來，這是她的模式嗎？」

他很確定地點點頭，說不管是合理的還是不合理的，她幾乎從來不主動提自己的要求。至於為什麼、從什麼時候開始，他覺得，也許和她的成長經歷有關。

在家裡，她還有個比她小兩歲的弟弟，父母工作忙，兩個孩子照顧不過來，弟弟出生後，就把她送到了鄉下的外婆家，與外婆和舅舅一家一起生活。

舅媽脾氣不好，他們家兒子和她年紀差不多，不管吃的還是玩的，只要發生爭執，被罵的多半都是她，她小小的年紀，不敢提出什麼要求，也不敢向外婆告狀。上小學後，她回到父母身邊。弟弟總抱怨說，都是因為她，爸媽對自己沒有以前好了。

我讓海陽試著去猜想，在這樣的家庭裡，小葉凡的感受是怎樣的？她會怎樣看待自己？

過了好一會兒他才回答：「傷心、難過、委屈……會不會在潛意識裡，她覺得自己不管在哪裡都是多餘的，不能提自己的要求，只能做一個不惹麻煩、多做事的乖孩子，生活才能平順？」

說完，海陽再次陷入沉默，再次說話時，有一些動容，眼裡似有淚光閃爍。

他好像有些明白了，這樣的成長經歷讓她覺得自己是多餘、不重要的人，自己關照不到內心的需求，又不敢對別人提出自己的需求，所以被理解、關愛和支持的渴望長期得不到滿足。

「我因為自己的原因，也沒能很好地滿足她，所以遇到心思細密、會照顧她的人，她會不自覺地被吸引。」說完，他又不停地點頭，像是不斷向自己確認肯定。

然後他說：「我有點心疼她，很後悔我沒能給她幸福。」

我說：「我可以這樣解讀你這句話嗎？你更理解妻子了，之後你願意改變自己對待她的方式，是嗎？」

他用力握住我的手說，回去要和她好好談談，不管怎樣，他都要真正地成長成熟起來，真正地學會去愛一個人。

他說想建議葉凡也做諮商，學會既愛自己、滿足自己，又能提出自己想要的、拒絕自己不想要的。

我告訴他不必勉強葉凡，可以先從自己的改變做起，用一個人的改變帶來一個關係系統的改變。

他充滿信心地說：「如果能這樣，我覺得，我們的婚姻還是有希望的。」

當然有希望。人生的每一個難關，如果善於學習的話，都會變成一次成長的契機，探索是發現新的可能性的途徑。

海陽走後，我陷入沉思：出軌最容易招致道德的批評，常常被認為是一種背叛。但是，愛情降臨凡間，自有其特別的理由吧？如果我們直接評判，「對」的一方缺少了成長的必要，「錯」的一方也難以找到真正的成長方向。

所以，當一段關係發生問題，有必要探索：他要滿足什麼樣的渴望？為什麼會這樣？我如何利用這次經驗促進個人成長？我如何更好地經營婚姻和生活？……只有這樣，才有可能從一個受害者變成一個「生活的創造者」。

案例9

再度擁有自己的人生

各自打拚事業可能是幸福的，相互依靠、婚姻幸福的例子也不少。能瓦解婚姻的東西有很多，不一定就是你有錯。

吃乾抹淨就把我甩了

白瀅坐在我斜對面，並不怎麼看我，只是悲傷地迷失在自己不幸的婚姻故事裡。

他和一個年輕的女同事走得很近……他說，這是他的真愛……他要離婚……他說，他賺錢也不容易，財產需要平分……他抱怨，這幾年她賺的太少，讓養家的壓力都壓在自己身上，現在還不能好聚好散……總之，都是她不好才導致了今天的結果。

白瀅今年三十八歲，和丈夫學軍在大學裡相識相愛，後來結婚，兒子今年十一歲，讀小學五年級。丈夫在一家大公司工作，最近剛升中階主管。

一年前，公司改革，部門重組，那段期間曾經很困難，他還險些被迫離開公司。據說，那個高學歷的女同事精明能幹，出主意想辦法幫他度過了這段艱困期，抓住機會反敗為勝，他為此很感激她。

這個女同事三十歲，也不算小了，丈夫半年前向白瀅提出了離婚⋯⋯

我小心地打斷她：「抱歉我要打斷你一下，不是因為你說的不重要，而是我想讓你關注別的。你一直在說他這樣他那樣⋯⋯在這裡你才是更重要的，我更關心的是，發生了這麼重大的變故，你現在過得怎麼樣？」

「我⋯⋯」白瀅低下頭，顯得很難過。

我的語氣裡充滿關懷：「這是一件很大很大的事情，對你來說一定不容易⋯⋯你願意說一說嗎，好讓我知道一些？」

白瀅擺弄著自己的大拇指，然後雙手捂了一會自己的臉，努力地往外大口大口地吐氣，我安慰她不必急於回答。

等平緩一些，她說：「我……我像是被打倒在地，從此一蹶不振。」要不是因為兒子，她都不想活了。

我輕輕地握了握她的手：「是，我感覺到了，你很痛。」

我默默地看著她，停頓了幾秒鐘，然後邀請她，先做幾個深呼吸，幫助她回歸自己的中心，慢慢地覺察內心的動盪、任何的情緒或念頭。

她照我說的做了，半閉著眼睛，慢慢地進入體驗。

她說：「我非常傷心，這麼多年我努力經營我們的家庭，家務、孩子幾乎全包下來做了，結果，他拋下這麼一句話，吃乾抹淨就把我甩了嗎？我很委屈……他答應過我，等他事業有成了會好好回報我，沒想到竟是這樣的回報！

「我也很無奈，他說現在她才是他的真愛，我能怎麼辦？我矛盾得很，有時候想，這種人離婚算了，既成全了他們，我也落個清淨，省得以後像個仇人似的，他畢竟還是兒子的親生父親……

「可是，有時我又不甘心，這麼多年的感情啊，我捨不得；再說，他憑什麼呀？他是變了，愛上別人了，但我沒變，還愛著他呢……

「再說，還有我兒子，我不忍心我們一家三口就這樣拆散，他們兩個，一個是我的左心，一個是我的右心……」

白瀅哽咽著說不下去，嘩嘩地流著眼淚……我鼓勵她，眼淚是有療癒功能的，給眼淚一個機會吧，哭個酣暢淋漓。

她沒再阻止自己。直到一團團衛生紙在垃圾桶裡堆積成「小山丘」，她才把眼淚、鼻涕澈底擦乾淨，長長地呼了一口氣。

她說儘管一個人的時候不知道哭過多少次，但像這樣有人陪伴還不受干擾地痛哭一場，讓她覺得被理解被支持了，也好像哭得更澈底了。

我不著急，等她給身體一個慢慢平復的過程，然後問她：「現在感覺怎麼樣？」

她說好一些了，但還是感到不安全，對不確定的未來，「甚至對未來有恐懼」。

我陪她去覺察和體驗身體裡的那份恐懼，然後問她，是關於什麼的？

她想了想，說可能主要是收入的問題。

剛畢業的時候，白瀅在一家網路公司上班，整天忙得昏天黑地，收入倒是比學軍還高；後來結婚準備生孩子，他倆討論決定，他來闖天下，她則把重點放在家裡。當時有家雜誌社開行政人員缺，收入少但比較清閒，她應聘上班至今。

「現在，我收入少，按照法律規定，兒子十八歲以後，他爸就可以不再提供撫養費了，我和兒子的生活會大受影響，再說，兒子還曾想過將來出國讀書呢。」

她說，她為此很自責，變得嘮嘮叨叨，一遍一遍地跟朋友講這些事情：「很多人以前都跟我說過，男人有錢就會作怪，我總說我們家的不會……曾經有人警告我要小心提防，我也沒當一回事……我好愚蠢。」

我給了白瀅足夠的時間傾訴這些……也和她一起去察看兩種不同的自責：一種是因為她沒聽別人勸、沒提防他而自責，這是她那時的確沒想到的。但即使提防了事情就不會發生嗎？不知道。

另一種自責，是因為她不停地跟別人說，「變得嘮嘮叨叨」，她覺得這樣不好。

我告訴她，我們是人，心裡的東西如果太滿了，自然就會溢出來，不必過於克制，如果她覺得不該所有人說，她可以改變方式，跟接得住這些話的人說，比如在諮商室裡。

他出軌了，這不是我的錯

白瀅傾訴了一些，我嘗試讓她找到並體會另一種情緒：憤怒。

我問她：「我沒有聽出來，為什麼你愚蠢？」

她說，她只知道踏踏實實過日子，不夠聰明到懂得經營生活的情趣；一個人埋頭苦幹，最後卻把婚姻經營成現在這樣，這不是愚蠢是什麼？

我繼續問她，具體來說她錯在哪裡了。

她說：「不都說『一個巴掌拍不響』嗎？不都說『婚姻出問題，兩個人都有責任』嗎？」她反問似的看著我。

我讓自己更加安靜，真誠地說：「白瀅，讓我們慢下來，不在頭腦的對與錯裡……回到你的身體，回到你的內心，嘗試著尋找你的憤怒……我知道它在。」

她閉上了眼睛。看她的表情，聽她呼吸節奏的加快、加重，我感覺到了，有一些憤怒的力量往上湧……

我小聲地跟她解釋：「你不完美，但他在婚姻內出軌，是他毀了你們兩個的約定，這不是你的錯。」

她點點頭：「他出軌了，這不是我的錯。」

我讓她大聲重複這句話：「他出軌了，這不是我的錯！」

終於，當第三次大聲說出這句話時，她閉上眼睛哇哇大哭……那句話也變成了吶喊：「是啊，就是啊，他出軌了，這不是我的錯！我為什麼還要這樣自責？」

情緒往往是有層次的，憤怒過去了，後悔開始湧上來：「如果當初我不辭掉網路公司的工作，賺的錢比他多，可能他也不會像現在這樣，唉！女人就是不應該放棄自己的事業，不應該太依賴男人……」

我原則上是同意這些話的，但用在她身上、用在這個時候，我還是覺得有必要釐清一點：在換工作之前，白瀅賺錢多是獨立；換工作後，她錢賺的少了，但是，為了兒子和家裡付出，這難道不也是獨立嗎？在經濟上她是依賴丈夫比較多，可是在生活上丈夫也依賴白瀅很多，不是嗎？

我問她：「聽起來，在你懷孕、孩子小的時候，正值老公事業發展初期，你們有一份家庭分工的合約，你做得很好，你沒有依賴他；如果說依靠，那也是相互依靠，不是嗎？」

她望著我，有點迷惑：「是啊，可是，那我錯在哪裡了呢？」

我有些心疼，語氣裡多了一份對她的肯定：「為什麼一定是你有錯呢？你在工作時有很強的能力，需要的時候，又能很好地照顧孩子和家庭，這很不容易。」

各自打拚事業可能是幸福的，相互依靠、婚姻幸福的例子也不少。能瓦解婚姻的東西有很多，不一定就是你有錯。

她想從我這裡要一個答案：「所以，是他毀了我們的合約，對嗎？」

我停頓一會，平靜地問她：「你說呢？」

白瀅右手捂住嘴，哭了：「是啊，我一直都很努力、很努力，我嘴上說後悔，其實，假若從頭來過，我還是會這樣選擇，我實在是分身乏術啊。」

別人打擊我時，我也會打擊自己

再來的時候，我善意地挑戰白瀅：「可你還是很願意配合他，他出軌了，把責任往你身上推，你也拿出各種各樣的理由，來責怪自己。你先是被他打倒在地，然後，自己又一遍一遍地把自己打倒在地。」

她苦笑著搖搖頭：「是這樣沒錯，每當別人打擊我，我也會打擊我自己，還找出很多打擊自己的理由。」

「這是你的模式嗎？你從哪裡學來的？」我問她。

據白瀅回憶，她的父母從小就是這麼教育她的，遇到什麼不好的事，她一定有錯。比如，她受同學欺負，他們會說：「他怎麼不針對別人啊，一定是你做錯什麼了吧？」

他們總愛說：「一個巴掌拍不響」、「出了這種事，別人有錯，難道你自己就沒有問題嗎？」……反正，發生什麼事都有她的問題，標準的「有罪推定」。

「所以，你學得很好，也習慣對自己進行『有罪推定』。」我說。

白瀅兩手一攤：「我最討厭他們這麼說，可我也對自己這麼說……還對兒子這麼說。」

一個人應該承擔自己該承擔的責任，但必要時，也要果斷地捍衛自己的權益。

繼續回到婚姻的問題上，我說：「所以，不管別人怎麼說，你知道自己有多努力，是怎樣的人，你可以對自己多一些理解、多一些善意嗎？你可以試著為自己辯護嗎？就在此刻去體會這個。」

她默默地閉上眼睛，先是把頭抬了抬，轉動一下脖子，長長地吐出一口氣；然後在椅子上往前坐，後背更直一點……呼吸變得均勻了，面容也平和了很多……最後，她握緊拳頭，在空中揮了揮，像是做出一個決定或給自己加油的動作。

睜開眼睛，她對我笑笑：「謝謝您給了我很多的力量。」

我認真地說：「力量本來就存在你自己的身體裡，我只是有幸陪你一起『尋寶』。」

停了一會兒，我問她：「你現在感覺怎麼樣？」

她不好意思地笑笑說：「好多了，我這個人也許並沒有那麼差。」

我讓她把「也許」去掉，說幾遍給自己聽，感覺感覺。這樣說完後，白瀅的精神狀態明顯地好轉了。接著，她說她想起了幾件事情：她當初離職時，主管、同事對她的不捨和高度評價；兩年前，媽媽需要做一個子宮切除的手術，當時老公出差，孩子沒人接送，她是如何求助親戚朋友，克服困難，兼顧每個人的需求……

我邀請她說得更多、更詳盡一點，讓我，更讓她自己看到，她有一身武藝，她就是個「寶藏」。

我想起一個說法：能做好全職太太的人，你讓她去工作也不會差到哪裡去。何況白瀅還有一份工作呢？

我再度擁有了我的人生

上次諮商結束的時候，我讓她在好的能量狀態裡保持一段時間，至少到第二天早上，儘量不看螢幕（手機、電腦、電視等），除非必要不和人交談。多一些靜默，體驗和自己在一起的感覺。如果有些不安或者別的什麼情緒或念頭，找到那個有力量的自己，和她一起穿越。

再來的時候她有點興奮，告訴我「作業」完成得不錯，那種待在能量狀態裡的感覺真好。希望我再往前推動一步。

那時，我正在閱讀娜妲莉・高柏（Natalie Goldberg）的《療癒寫作：啟動靈性的書寫祕密》（*The True Secret of Writing: Connecting Life with Language*），其中的一個小故事，我覺得很適合白瀅，便跟她分享。

作者寫到，她的鄰居兩個月前家庭分崩離析：丈夫有了外遇、女兒吸食大麻、貓咪在客廳撒尿。

兩個月後見她，鄰居卻興奮地談論她的玫瑰花、剛寫的三首詩、過去一週以來她不眠不休地在寫一本小說……說起丈夫，她手一揮：「誰知道他在幹嘛，昨天他躺在客廳地板上聽音樂，一躺就是好幾個小時，一動也不動。」女兒、貓咪好像也都好起來了。

娜妲莉問她：「我必須得問，是什麼改變了你的態度？」

得到的回答是：「我在書寫，我又在書寫了。一切都恰如其分，我回到自我了……我再度擁有了我的人生。」

她接過書，把這段不長的文字反覆閱讀了好幾遍，嘴裡不停地念著最後那兩句話：「我回到自我了……我再度擁有了我的人生。」

她坐下來，陷入了沉思：「……是的，這半年多來，我一直把眼睛盯在老公的外遇上，他說什麼做什麼了，又說什麼又做什麼了……我越來越難過，越來越失望……我把大量的精力都耗費在對他的緊盯不放上，我希望挽回他，卻越來越像個怨婦，我們的關係也越來越糟糕。」

我語氣中帶著肯定：「我聽到的是，你做好了改變的準備。」

白瀅用力地點點頭：「是的，是時候了，我也要把關注的心力放回到我自己身上，好好地維護自己。我得想想，自己想要什麼、可以做些什麼。」

很好的問題，我想先聽聽她的想法。

「我想要什麼……在婚姻方面，我不想就這樣輕易放棄，如果還有希望，我更寧願我們一家三口在一起，實在不行了再說。」

我點頭：「很好，我聽到了你對家庭完整的在意和用心。維護自己和維持家庭本來就不是對立的需求。」然後問她，關於「怨婦」的部分，她現在怎麼看？

她說：「我也想明白了，即使我跪下來求他、指責他、指責我自己，我們的關係也不會回來；他即使因為可憐我而勉強回來，那也不是我想要的。我要自己站起來、自信起來、快樂起來。而首先要做的就是及時停損，開始轉向。」又說：「我打算和他商量，先各自冷靜一段時間，比如半年或者一年。」

接下來，我們花費時間練習，如果情緒出來，可以怎樣覺察、承認、接納、管理，讓自己平靜下來；如果情緒在兩人溝通的過程中出現，怎樣先停下來，讓自己平靜；如何通過對方的行為，瞭解對方的需要；如何一致性地表達自己，而不是帶著情緒去表達。

關於自立的問題，白瀅說：「我從來都很自立，現在孩子十一歲，我可以調整一下家庭和工作的關係了。」

她想起公司主管曾說過，她做行政太可惜了。現在，她可以先嘗試從行政人員調到編輯、記者的崗位上，她學新聞出身，也有記者證，願意利用現有的舞臺去嘗試：「我和外界接觸多了，理解問題的深度不同，整個人的狀態也許就會不一樣。」她花了一分鐘的時間和自己確認，說她身邊就有這樣的榜樣，她知道該怎麼做了。

「關於孩子，我也可以放手一點，讓他獨立完成一些力所能及的任務。」然後對我笑笑，「兒子巴不得呢，早就嫌我管得太多了。」

接著，她說：「他如果不回來，我希望自己能做到不再緊迫盯人，有時間就做些自己喜歡的事情，讀書、寫作、逛街、運動……如果過一段時間，他還堅持離婚，也許，我會放他一馬……唉！誰知道呢，未來的事就交給未來吧，好像也沒什麼大不了。」說完，竟莞爾一笑。

結束了諮商很久，我還一直想著她最後的那句話：「未來的事就交給未來吧，好像也沒什麼大不了。」

我不知道他們的婚姻將來會是什麼走向，但我相信的是，她也會像娜妲莉・高柏的鄰居一樣，再度擁有自己的人生。

案例10

委曲求不來真的全

如果你過於恐懼一件事，它就會變成龐大的、漫無邊際的烏雲將你吞噬；相反的，如果你找到內心的勇氣，直視它，可能還是會不舒服，還是會很痛苦，但它就會變得有形、具體並因此可以控制。

寧願死也不想離婚

方暉輕敲諮商室的門，慢慢地走進來，和我打過招呼，然後入座……在整個過程中他的頭始終是低著的，我甚至覺得他像是在屏住呼吸。

我很感謝他對我的信任，也很欣賞他願意為婚姻和家庭尋求改變。這既是一種勇敢，又是一種智慧。

看得出來，他一直沉浸在滿腹心事裡，我嘗試著問他：「你現在感覺怎麼樣？」他低著頭坐在我斜對面的椅子上，不太流利地說自己有點緊張，要把自己不堪的一面說給別人聽，覺得自己太矯情，都說家醜不可外揚，他也擔心別人會怎麼看來諮商這件事。

我耐心地對他解釋並保證，這是一個特殊的地方，他可以放心地打開自己內心的一切。

我邀請他：「此時此刻，和你的身體接觸，就是去體驗，有哪裡是不舒服的嗎？它想表達什麼嗎？」

他坐在那裡不說話，慢慢地，身體看起來有一點發抖，我心有憐惜，提醒他說：「不管是口頭的還是身體的語言，都可以表達出來，如果你覺得身體在抖，請允許它抖，鼓勵它甚至誇大一些都沒有關係，這樣做都是有意義的。」

感謝他的信任，他從抖動雙腳開始，到雙手、雙臂、上半身……一直到整個身體，都慢慢地抖動起來……

我邀請他站起來繼續，我也站在他的對面模仿他，和他一起抖，鼓勵他把抖的幅度再加大一些……一兩分鐘以後，他慢慢地停了下來，坐回自己的位置。

我溫和地問他：「要不要說些什麼，讓我知道剛才發生了什麼？」

他說得很慢，像是在斟酌字句：「剛才，好像壓抑了很久的緊張、恐懼……焦慮、孤獨……終於得到一次釋放的機會。」他說，他以前不知道還可以這樣做。

這樣的開始真是太棒了。

我關切地問他：「你今天過來是為了什麼，讓你困擾的問題？」

方暉再一次低下頭，有點艱難地說：「我很怕離婚，但我們確實過不下去了。」

方暉今年三十三歲，是化學博士，在一家國防工業負責研發，工作時間不長但表現亮眼，是馬上要有成績的時候，很受主管的器重。

他結婚六年，兒子兩歲。也正是從兒子即將出生到現在這兩年多的時間裡，家裡雞飛狗跳，眼看著過不下去了。

「之前，我一直讓著我的妻子，什麼事都是她說了算，即使她打我罵我，我也都忍了。」

可是，自從孩子出生以後，先是妻子有產後憂鬱的傾向，總說他沒指望，讓她沒安全感，動不動就拿離婚協議逼他簽字。這種事是可以鬧著玩的嗎？弄得他簽也不是，不簽也不是。

更麻煩的是，孩子出生後，岳父岳母來幫忙帶孩子，他們也看不上他這個女婿，說他笨、什麼都不會……岳父甚至還教訓他「不夠男人」。有一天，他和兒子在一起玩得正高興，他在地板上學狗爬，還學著狗「汪汪」地叫喚。岳父看見了，說他沒個當父親的樣子，將來怎麼教育孩子？

平時也是，好像他做什麼都不對。比如，閒暇時他拿起報告看兩眼，岳父就說他只顧工作不管家；有一次兒子生病，在他們看來，都是他的錯；幫孩子洗澡，也會被挑出各種毛病……只要他想爭辯，他們就更加指責他，做錯事還在狡辯……

「我有一種很明顯的被厭惡、被嫌棄的感覺。有一次，我站在陽臺上往外看，真想跳下去死了算了！」

原來是我自己跪下來的

我想讓方暉覺察到他們之間的互動模式，於是讓他挑幾個絨毛玩具，擺出兩個典型的衝突場面：一個是跟妻子的，一個是跟全家人的。我提醒他要考慮相互之間的高度、距離，還有各自的溝通姿態，比如指責、討好、超理智還是打岔。

他猶豫著，先是挑了一隻紅色、矮小的羊，代表他自己；然後，找了一匹高一點的棕馬，代表他的妻子。他把馬放在椅子上，說它「張牙舞爪」的：「有時候更像一匹狼，恨不得把我吃了。」

他自己在哪裡呢？他把小羊放在了地上。

我留意到高度差竟是這麼大，於是，指著小羊試探著說：「讓它跪下吧？」

他點點頭，照著我說的做了，擺出小羊下跪的姿勢。

等了一會兒，他開始以此為基礎，擺出家庭衝突時的畫面。他說現在最緊迫的問題是，岳父岳母和妻子他們是一隊。妻子堅持要讓她的父母來帶孩子。可是現在家裡衝突不斷，他已經斷斷續續在辦公室住了半個多月了，只是偶爾回家拿點必需品。

他拿起另外兩個絨毛玩具，放在剛才代表妻子的那匹馬旁邊說：「不考慮動物的特性了，反正他們三個在一起，都只會指責我……對，岳母相對好一些。岳父有時候還對我大講人生的道理……我還是原來的那隻下跪的小羊。」

我請他不說話，看著這個畫面待在自己的體驗裡。

他感嘆了好一會，然後，動手把小羊轉了身，表情顯得有些淒慘，說：「太難受了，我有點看不下去了，想逃開，甚至想消失。」

接著，他又拿出一隻小毛蟲，把它放在「妻子」的前面代表「兒子」，他說：「我擔心時間長了，兒子也不會知道，我有多愛他了……」

他說，上週離開的時候，他抱著兒子親了親，很傷感地說：「兒子，要乖乖聽媽媽的話。」後半句想說：「可能我們父子倆以後見面的機會不多了」，可怎麼也說不出口。

看他壓抑得難受，我直接說出來：「發生這樣的事情，你是可以哭的，它不會傷到任何人。」

他的眼淚如決堤的河水一樣奔湧……

原來，自從談戀愛時起，方暉就暗暗下定決心，一旦結婚，無論如何都不要離婚。特別是有了兒子以後，方暉特別高興，他有了做為一個父親的強烈使命感，他發誓要給兒子一個完整、溫暖的家，陪他健康快樂地長大。

為此他非常努力，在公司努力工作不說，不管多累，只要進了家門換了衣服，什麼家事都願意做。這是支持他的最大力量，他願意為這個家付出，可是現在……他感覺已經被擠到牆角，沒有退路了。

他淒然地問我：「您說，我這麼不願意離婚，為什麼偏偏現在就走到了這一步？」

我留意到，他每次說起「離婚」兩個字的時候，似乎都特別艱難。

我停頓了兩秒鐘，試探著說：「我猜一下吧，如果猜得不對，你也別生氣。是不是你太害怕離婚了，在你的內心，只要能保住這個婚姻，做什麼都可以，包括讓你這隻小羊下跪，乞求妻子和岳父岳母『賞賜』給你一個完整的家庭。」我刻意加重了「賞賜」這兩個字。

方暉睜大了眼睛，看著我。

我停頓了一下，還是決定說出來：「可是，他們需要的是一個穩穩站在地上、有力量的男人。」

這顯然讓他太衝擊了。

他十指相扣，抵住嘴唇，手在微微顫抖，眼睛看著腳下的地面：「這話聽起來……很刺耳，我一直認為是他們欺人太甚……但是……您說得對，是我自己要跪下來乞求他們的。」

深理的種子

再來的時候，方暉說他向妻子承認了他有一些心理障礙，希望自己能夠站起來，找到自己的力量。然後，妻子就「命令」他回家了，還說服父母少挑剔他一些，家裡的氛圍明顯緩和了。

接著上次的議題，我問他：「離婚對你來講意味著什麼？」

他猶豫了一下，然後握了握拳頭，像是下了很大的決心才有勇氣說出來：「我非常不喜歡……離婚是一場災難……很丟人，甚至很屈辱。」

我小心地問他：「你從什麼時候開始這樣看待離婚的，那時發生了什麼？」

連續吞了好幾口唾沫，他開始對我講述那一段傷心的往事。

原來，方暉和姊姊、母親生活在農村，父親在外地的城市當工人。家裡相對富裕，他們能比同伴見到更多城裡的新鮮東西。小時候，他很為有這樣一個爸爸驕傲，對自己的家庭有優越感。

可是，七歲時有一天，整個家突然就風雲變色了。母親又哭又鬧，說丈夫沒良心、不要臉，不顧他們妻兒的死活，被城裡的狐狸精迷住了……

從此，他們家變成了街坊鄰居議論紛紛的話題。他從那些人的口氣、眼神中，從父母的隻言片語中，從生活的改變中慢慢知道，父親和母親離婚了。雖然父母離婚了，但他和媽媽、姊姊繼續在父親的家裡生活。

不久，父親和城裡那個年輕的女人結婚了，回來的時候就住在爺爺奶奶院子裡的一間屋子裡。父親讓他和姊姊喊那個女人「阿姨」，母親卻要他叫那個女人「不要臉的小三」。

每次見面，父母之間都會發生衝突，母親的狂躁和憂鬱交替出現，這兩個詞他是後來才知道的，那時他還懷疑，那是不是就是大家所說的「精神病」。他聽到過一些說法，慢慢地相信，父親在外面有女人，和自己的妻子離婚，是很不道德的事。這讓他抬不起頭……他恨父親，認為這一切全是他的錯。

他長得快，十二歲時已經長得很高了，也有了強烈的解救媽媽於苦難的想法。

有一次，母親又大哭大鬧，又是因為那個女人。想想他們幾年來所受的屈辱，小方暉突然怒火中燒，他起身衝到後院，找到那個正在洗衣服的女人，對著她的臉就是一拳，打得她鼻血直流，放聲哭號。還沒體驗到報仇的暢快，他就迎來了父親對他的一陣拳腳……從此，他再也沒有叫過一聲「爸爸」，甚至沒有正眼看過父親。

他說：「也許就是在那時，『將來無論如何也不要離婚』的種子就在我心裡深深地埋下。離婚會給親人帶來太多的痛苦，無論如何都要避免。」

痛苦出去了，快樂才能進來

我們使用空椅子技術，重新經歷了十二歲那年他和父親的那次衝突。

方暉在他和父親的兩個角色裡誠實而用心地體驗。對著椅子上的「父親」，他表達了壓抑多年的憤怒，從他「你差點毀了我的人生」開場的話中，我看到了那個十二歲少年內心憤怒的大爆發……

然後，他坐在代表「父親」的椅子上，找到父親的感覺，由我為他複述「兒子」那些憤怒的話。這個「父親」淚流滿面：「……兒子！爸爸對不起你，讓你那麼小就承受了太多來自家庭的痛苦……因為打你的那件事，我恨自己幾十年了……」

等他情緒平復一些，坐回自己的椅子，我複述「父親」剛才的話，問他：「這些，有可能是父親內心真實的感受嗎？」

方暉點點頭：「應該是吧，他現在也老了，這些年每一次見面，他都露出一副近乎哀求的眼神，我只是故意不去看他。」

這樣的對話繼續。因為方暉的開放和直視痛苦的勇氣，對話的過程進展得深入而感人。什麼叫血肉親情？什麼叫「打斷骨頭連著筋」？這就是。

最後，他猶豫著問我：「能請您扮演一回我的父親嗎？我想抱抱他。」我答應了他。他抱著「父親」哭了個痛快，擦眼淚的面紙扔了一地。

臨走的時候，他不好意思地說：「我的眼淚，都在您這裡流完了，面紙都快被我用完了。」

我和他握手：「痛苦出去了，快樂才有機會進來，在這裡哭夠了，以後就可能笑起來。」還和他開玩笑：「幫我新買一盒就行了。」

之後的一次，這個三十三歲已為人父的男人，和七歲、十二歲時的自己進行了跨越時空的對話……

然後，我問他：「在這樣的家庭背景下，你是怎樣走到今天、讓自己長大的？」讓他嘗試著去欣賞、肯定這些年一路走來的自己。

這是很不一樣的開始，他不太習慣。但是，哪怕僅僅是個開始，僅僅是看到這些年那個倔強少年背後的堅強、努力、忍耐、對媽媽的愛……他還是感慨萬千，說看自己的角度不一樣了。

他說，如果之前和現在都用「悲壯」來形容自己的話，那麼，也許以前更多的是「悲」，一種沉重、往下壓的力量；現在感覺更多的則是「壯」，儘管還有些「重」，卻是一種雄壯、上揚的力量。

我喜歡他說的，同樣是厚重的力量，但力量的方向卻是不同的。下壓的力量只會造成內耗甚至是破壞，上揚的力量才會讓一個人真正地活出自己。

和妻子並肩支撐這個家

再來的時候，方暉說，他回去以後主動和父親打過一次電話，還是叫不出「爸爸」，覺得有點尷尬，也許是時間太久了，還不習慣吧。

但他清楚，似乎父親也清楚，這個很短很尷尬、沒有什麼實質內容的電話，是一個重要的標誌、一個轉捩點，開啟了堅冰融化的進程。

另一方面，妻子和岳父岳母對他的指責，好像也變少了。

我讓他把原來的畫面重新擺出來，體會一下在那個畫面裡每個人的體驗。然後，看看可以怎樣進行調整。

他擺好原來的畫面，然後自己嘗試分別站在妻子、岳父岳母的位置上，去看那隻跪著的、想逃跑的小羊。沉思半天，他說：「我理解妻子說的沒有安全感了，我也感受到了岳父岳母對我們婚姻的擔心。」

然後，他感嘆著說：「原以為我可以委曲求全，現在我明白，這樣求來的『全』只是我以為的『全』，它實際上是殘缺的。」想想也是，那麼多的勉強、忍讓和遷就，這哪裡是「全」呢？

關於理想的畫面，他乾脆換了場地。把它們搬到一張桌子上，先把自己的那隻小羊放在一包衛生紙上，讓它和妻子的那匹馬在幾乎同樣的高度，有一種「並肩」站在一起的感覺。之後他又把代表兒子的那隻小毛蟲放在小羊和那匹棕色的馬中間。看著這樣的「一家三口」，他滿意地笑了。

經過一番猶豫，他把代表岳父岳母的絨毛玩具放在他們身後稍微遠一點的位置，既能看得出距離，也能感覺到聯結，然後滿意地點點頭：「這樣就很好。」

「回到真實的家庭生活中，你會和以前有什麼不同？」我問。

他說：「首先，我還是不願意離婚，但是，我對離婚的解讀不一樣了，不再賦予它那麼多意義。我也不會再因為過於恐懼而主動放低自己的位置，更不會把自己放在客人、外人的位置上，這是我的家，我要和妻子並肩支撐起這個家。」

我想考考他：「他們，不管是誰，如果挑剔你、嫌棄你，你怎麼辦？」

方暉輕鬆地說：「這幾週的體驗滿有幫助的，我沒那麼恐懼以後，好像也不像以前那麼笨了，做什麼事反倒做得更快、做得更好。即使岳父偶爾還會數落我，我好像也不那麼在意了……當然，我還需要學會建立自己的界限，學習怎麼和他們溝通。」

我知道，他還有一段不短的路程要走，甚至會有一些反覆的過程。但是，看著方暉充滿希望的眼神，我還是由衷地為他高興和感動，也很感謝他帶給我的啟發。

如果你過於恐懼一件事，它就會變成龐大的、漫無邊際的烏雲將你吞噬；相反的，如果你找到內心的勇氣，直視它，可能還是會不舒服，還是會很痛苦，但它就會變得有形、具體並因此可以控制。

案例 11

帶著勇氣走向親密

我願意帶著勇氣和信任走向親密，走向和人的聯結。我感覺我既有勇氣和人聯結，也有力量保護好自己。

我有「親密恐懼」

雨馨進了諮商室的門就開始自我檢討：「王老師，我心理生了病，讓我和男友有時候很尷尬，可我又不知道該怎麼辦。」

我讓她慢慢說。她能自我反省，主動承擔責任，有這樣的態度，有什麼問題都不再可怕。

雨馨低下頭，顯得很不自在，說她從很早就和男生有「親密恐懼」，和閨蜜、女性朋友在一起摟摟抱抱的都沒有問題，和男生一起聊聊天、吃吃飯、散散步甚至相互表白，也不成問題；可是，只要男生一主動和她有身體上的接觸，「我就會像聽到警報聲一樣，頓時警覺起來，第一反應就是狼狽逃竄」。

兩年前，她和男友決定在一起，身體接觸這關終於有了突破。「我甚至單方面認為，這樣就很好了，但有時候他想親近一點，我會覺得是負擔，甚至感覺很痛苦。」

我打斷她，停頓了兩秒鐘，帶著好奇，關切地問她：「你是說，你和男生在身體接觸上有困難，但是……你正處在一段親密關係中？」

雨馨苦笑，表情有點複雜地點點頭。

「這應該是一個很不容易的過程吧？」我問她。

雨馨承認，說她原本以為這輩子都不會戀愛、結婚了。現在能夠談戀愛，說不定還能走入婚姻殿堂，主要歸功於兩個人，一個人是外婆，一個人是現在的男友。

雨馨說，她小的時候，爸爸在外地工作，平時媽媽一個人忙不過來，經常帶她和弟弟在外婆家住。每個週末才回到他們自己的家和爸爸團聚。

在外婆身邊長大的日子輕鬆而快樂。有弟弟以後，她還和外婆睡一張床，好像也正是因為這個原因，外婆格外地疼愛她。她不管在哪兒，只要想起外婆，心裡就特別踏實，好像外婆家是穩固的大後方，不管什麼時候、不管需要什麼都可以從外婆那裡得到滿足。

可是，不幸的是，兩年多以前，外婆突然心臟病發作，永遠地離開了這個世界。外婆生前一直牽掛著她的婚姻大事，最大的心願就是看到她披上婚紗，有一個溫馨的小家庭。

讓外婆這樣抱憾而去，雨馨很自責，使她將滿足外婆的心願視為對她最好的紀念和回報。於是她下定決心，即使帶著恐懼也要嘗試建立一份親密的關係。「說句有點誇張的話，我幾乎是冒著必死的決心去試著談戀愛的，是外婆給了我這樣的勇氣。」

她說完笑了，看起來有一些無奈。

我不由得心生敬意：「從這件事情你能看到自己有什麼特質？重視什麼？」

雨馨想了想，說：「我這個人重視親情、有愛心、懂得感恩，也很有勇氣。」

我點點頭，讓她去體驗這個部分。

雨馨和男友原本是研究所同學，彼此的印象和關係都還可以。畢業兩年以後，同學中就剩他們兩個人還單身，他開始主動聯絡她。

雨馨知道自己的「老毛病」，注意到他的心意，怕發展下去有一天自己還是會卡住，耽誤了人家，曾經有意無意地提過，自己有「親密恐懼」的問題。沒想到他知道後並沒有被嚇跑，表示願意尊重她的感受，會給她時間和耐心，還鼓勵她，開玩笑說他可以當她的白老鼠。就這樣，兩個人感情更好，像兄妹那樣相處著。

外婆去世以後，雨馨想起男友突然特別感動，感謝有一個人可以幫她實現外婆的心願，她也期待自己能抓住這個機會解決自己的問題。回想他一直以來對自己的包容和支持，他為人的踏實和真誠，對自己的信任和鼓勵，她願意選擇「冒險」，願意嘗試和他以戀愛的關係相處。

有男友的生活並沒有想的那麼可怕，平時有人陪伴，遇事有人商量，也沒有了單身帶來的外在壓力。讓她特別高興的是，兩個人在一起開心放鬆的時候，她能很自然地接受他「不經意地」碰她一下，儘管男友第一次摸她的手時，她感到「心驚肉跳、呼吸急促」，那是一種發自內心的緊張和恐慌，但她終於忍耐住了，並且為自己的

「突破性進展」而高興；雨馨偶爾也會主動碰一下他，甚至有那麼兩次他們後背相互靠在一起，儘管時間很短就分開了，還是感覺暖暖的、很安心。

雨馨說能做到這樣，她已經感覺很幸福了，她很願意這樣過一輩子。但她知道，對男友來說是不夠的。儘管每次哪怕有一丁點進展，男友都會表達他的鼓勵和信任，但她推開他、使氣氛尷尬的次數更多：「有幾次他想擁抱、親吻我，這對我來說還是太困難了。每當拒絕他後，好像有一堵無形的牆擋在我們中間，讓我無法逾越。我能清楚地感覺到他的失望和無助，對他有很深的虧欠。

「有一次，我很抱歉地拒絕了他擁抱的要求，他僵直地站起身來，呆呆地走到窗邊，對著外面的夜空凝視半响……我只聽見他喃喃說了一句：『到底還要等多久才能看到盡頭？』」

這個畫面讓雨馨刻骨銘心，她下定決心尋求幫助。

再也不相信男人

她已經在意識的層面問過很多遍「為什麼」了，沒有答案。顯然我們需要到更深的層面去。

我安靜地看著雨馨：「你說好像有一堵無形的牆擋在你們中間，此刻，你還能找到那種感覺嗎？……請你閉上眼睛……進入內在……找到某一個男友想和你親熱的情境……找到就點點頭。」

她慢慢地點頭。

我輕輕地說：「去觸碰你的內心，體驗那是什麼感覺。」我請她儘量慢速地看。

她面色微紅，有點羞澀：「……身上有點發熱……興奮……有些激動……我想積極回應他……突然，我的耳邊好像響起警報聲……我一下就徹底清醒了，想拔腿逃跑。」

我想把她「按住」：「我陪著你，你是安全的，可不可以不急於逃走，留下來，安靜下來，辨別一下，警報的內容是什麼？」

她閉上眼睛許久，睜開眼睛後猶豫著說：「好像有個聲音在說：『男人沒一個好東西！』」那堵牆就是這個聲音。不僅擋在了她和男友之間，也阻擋在她和幾乎所有成年男性之間。

知道「是什麼」往往比「怎麼辦」重要得多，這樣的進展讓我倆都有些興奮，我說：「非常好！慢一點，再分辨一下，那可能是誰的聲音？」

停頓片刻，她看上去有點猶豫：「應該是我自己的聲音吧？……又好像是我媽的聲音……」說完，雨馨長長地吐出一口氣。

「我猜一下，先是媽媽的聲音，你聽多了，慢慢內化成了你自己的聲音。有這種可能嗎？」我問她。

看她緩緩地點頭，我問她：「什麼時候開始的？當時發生了什麼？」

雨馨低下頭難過起來：「很久了，從我七八歲的時候就開始了……那一年，我爸出軌被我媽知道了，他們大鬧了一場。就是在那時，媽媽聲嘶力竭地喊出這句話，之後她也時不時會這樣說。」

這麼多年來，爸爸媽媽都說是為了她和弟弟才沒有離婚，但是他們一直在吵。爸爸在另外一個城市工作，有自己的房子，至少換過一個以上的女朋友，雨馨因此非常恨他。

我停頓了足夠的時間，才問她：「在你的印象中，爸爸、媽媽和你，如果像拍張照一樣，定格在一個壓力的時刻，彼此的內心距離和應對方式大概是怎樣的？」

雨馨拿起一張白紙，先用筆在紙上畫了爸爸、媽媽，爸爸的位置幾乎是在紙的最邊緣，轉身向外背對著媽媽，給人一種馬上要從這個家庭系統裡逃出去的感覺。媽媽則在爸爸身後不遠處緊追不放，因為想抓又抓不住他而暴跳如雷，正在大聲指責爸爸不忠誠，說「我這一輩子都被你毀了……」

我問她：「他們的高度是這樣的嗎？聽起來，好像媽媽要站在更高的位置指責才能代表她的內心？」

雨馨同意，說媽媽覺得爸爸不道德、不夠男人，還說過恨不得殺了他。

「在這個畫面裡，那個七、八歲的小女孩在什麼位置？她對爸爸媽媽是什麼樣的態度？」我問她。

她猶豫著在離媽媽比較近的位置，畫了一個哭泣的小女孩。她和媽媽一樣指責爸爸：「你是個不負責任的男人，你狠心拋棄了我們！」她心裡其實也有討好的想法，願意做任何事情好讓爸爸能留在這個家裡，可是這樣做又感覺對不起媽媽。

我問她：「看著畫面中的這個小女孩，她的感受是怎樣的？」

雨馨默默地看著畫面，說：「我很害怕……害怕我沒有家了怎麼辦？害怕爸爸要是不要我們了怎麼辦？看媽媽以死相逼我也害怕，她要是真的上吊死了，我怎麼辦？「我也很難過……很同情媽媽，但是有時候又生她的氣；對爸爸很生氣、惱恨，也很失望。

「還有，我在他們兩個人中間不知所措，唯恐讓他們覺得我選邊站，特別是怕媽媽這麼想。」

我理解地看著她，和她一起嘆氣，過了一會，我問她：「如果你有什麼想對他們表達的話，你想先跟誰說？」

她嘆口氣：「爸爸。」

她在這裡有機會把對爸爸的抱怨、生氣、失望和討好一股腦地表達出來，儘管是想像中的「爸爸」，但她仍然很投入，表達得痛快淋漓……

等她平靜下來，我和她核對：「『男人沒一個好東西』，聽起來你也接受了這個觀點，也許還有一個決定：『我再也不相信男人』是這樣嗎？可能你沒有意識到。」

雨馨點點頭：「唉！應該是這樣……儘管我自己都不知道，但也許潛意識裡就是這樣決定的，擔心和媽媽一樣，被某個人毀了我的一生。」

我充滿善意地看著她說：「這樣說來，你成功地再也不信任所有男人，即使是自己的男友。」

她點點頭，感嘆說：「是啊，我從爸爸的個人行為中，得出了『所有男人都不是好東西』的結論。我的確成功地避免了來自男人的傷害，也為此付出了巨大的代價。」

停頓兩秒鐘，我問她：「從你目前的生活經驗看來，有例外嗎？你見過哪個男人是『好東西』嗎？」

她笑笑，回答得很快：「當然有。我表哥、我外公都是值得信賴的人……男友也應該是可以信賴的人……」

我請她試著預估比例，她想了想說：「人群中怎麼也有百分之二、三十吧。」

「從『一個都沒』到『有百分之二、三十』，可是很大的變化呢。」重要的是，她認為男友也在其中，這會使問題變得不那麼難解決。

我問她：「你現在感覺怎麼樣？」

她伸了個懶腰：「輕鬆、自由了很多，好像捆綁我多年的一根繩子被剪斷了。」

放下父母情感的包袱

接下來的幾次諮商，我們主要在以下方面工作：聯結和父母的愛、聯結自己的資源和力量、接納父母的有限、理解父母的難處、放下父母情感的包袱等等。

我問她，摘掉父親頭上這頂「丈夫」的帽子，做為爸爸，他是怎樣的人？

雨馨有點感動，說爸爸其實滿好，人長得帥，而且聰明勤奮、行動力強，也很能吃苦，闖出了一番屬於自己的事業新天地。儘管他和媽媽關係不好，但在經濟上，他從來沒有虧待過他們，包括外婆家的人。

「他特別寵我，我從小穿的漂亮花裙子、顏色最齊全的油畫顏料……都是爸爸買給我的。記得小時候出去玩、看風景、看熱鬧，他總喜歡讓我騎在他的脖子上……」好多溫馨的畫面浮現出來，雨馨忍不住嘴角上揚，沉浸在美好的回憶中。

最後，她確信爸爸是真的愛她，很愛她。她很後悔，以前總口口聲聲地說爸爸是在彌補自己的過失，甚至認為他這是在拿錢收買人心。

「即使爸爸是在彌補，那也是出於愛，去體驗這個。」我補充說。

過了一會兒，她又變得很低落，說但一想起他有婚外情，不是個好丈夫，還是會恨他……

我讓她體驗那份恨意，用力呼氣，有意識地釋放這些。

然後，讓她「站」在那張紙上「爸爸」所在的位置，去體驗他的內心……體會五味雜陳……

之後，我讓她站起來，用左手代表爸爸對她的愛和他的優點；右手代表她對爸爸的期待和他的缺點。她先高高地舉起右手說：「你該負起你的責任，做個好丈夫，你該遠離那些女人……」

然後，她放下右手，把左手放在眼前，去體驗他的愛、他的承擔、他的聰明勤奮、行動力強……很重要的是，雨馨發現這些特質都被她傳承了，她自己也是一個這樣的人。似乎她天生擁有了一筆財富，僅僅因為是爸爸的女兒，她就擁有了這些，她為此深深地感謝父親。

雨馨從右手到左手，從左手到右手，反覆了幾個來回；然後把左手、右手同時放在前方，去體會。

雨馨深深地吐出一口氣：「放在一起是一種很好的整合……是的，儘管有遺憾，很大的遺憾，但是做為父親這個角色，爸爸已經夠好了，給我的已經足夠了，我不能再從他那裡要更多了。」

接著，經歷一個與爸爸類似又很不同的過程，雨馨對媽媽也有了更多的理解和體諒，說媽媽是「一個婚姻不幸、脾氣不好但很愛我、很不容易的人」，然後補充說，如果不是糾纏在情感的漩渦裡出不來，她也一定不會這麼火爆。

她也意識到了界限的重要性，父母做為成年人，彼此的關係是他們需要面對的功課。她接納這個現實，決定不再背負這些，好好面對自己的課題，過好自己的生活。

帶著勇氣走向親密和聯結

「假設男友就在你的面前，你把他列入了值得信賴的百分之二、三十之內，如果用身體的姿勢來表達，你倆之間的關係前後會有什麼變化嗎？」

雨馨站起來，先伸出雙臂，然後豎起雙手，又縮回一些，做出一個拒絕的姿勢。說這是她以前多數時候的內心。

然後，雨馨把手放下，站在那裡，顯得有些猶豫。

我引導她，先不用一步到位。第一步，可以先為自己轉身，閉上眼睛，深呼吸，回歸自己的中心，可以聯結父母、外婆、弟弟的愛，邀請那個小女孩在愛的氛圍中慢慢長大……也聯結自身的資源和能量：她的勇敢、聰明、愛心、感恩……聯結她做為一個成年人的力量，還有對男友的信任，哪怕只是部分的信任，去感受這個……

「如果你準備好了，第二步，你可以睜開眼睛，轉身面向男友，他是愛你的，想通過親密的行為表達對你的愛與喜歡，是渴望愛情、渴望與你結合的一種表現……

「如果準備好了，第三步，表達你想對他表達的，不管是口頭的還是身體的語言，都可以。」

雨馨邀請我扮演一下男友，我答應了。

她端詳著「男友」的臉，原地不動好幾秒鐘，然後試著往前跨出一步，拉著「男友」的手，目光裡充滿了愛、信任和力量，眼角開始有淚光閃爍。她有些激動：「親愛的，我才知道，我原來是這樣富足；我才知道，我從來都不缺少愛，外婆的、爸爸的、媽媽的、你的，很多人的……我感到很幸福。

「很抱歉，過去，我因為自己內心的恐懼，在心裡遠離你、拒絕你，傷害了你……此刻，我只想擁抱你。」

她張開雙臂和「男友」擁抱，眼淚又一次肆意橫流。

我知道，那是療癒的眼淚，是好的眼淚，可以盡情地流……

慶祝的時候到了，我說：「恭喜你，儘管我們是同性，但重要的是你看起來像換了一個人……前面你提到過和其他異性的關係，有沒有可能，你也帶著這樣的能量和狀態去面對更多的人？」

雨馨點點頭，說剛才她感覺上就是和男友擁抱，她今天回去會再嘗試去做。

我提醒她：「這不是一個完美的世界，說不定有一天你會因某人感到傷心甚至受到傷害，你還打算這樣做嗎？」

雨馨用力地點點頭：「是的，我願意帶著勇氣和信任走向親密，走向和人的聯結。我感覺我既有勇氣和人聯結，也有力量保護好我自己。」

案例12

你當然也值得被愛

雖然曾經發生的經歷告訴我，不要相信任何人，但我內心深處有一股生命的力量告訴我：要相信。

本來對人就不抱期望

炎炎夏日裡，郝楓來到諮商室，淡淡的沒什麼表情，看上去有些憔悴，她說話的樣子像是在說一件與她無關的消息：「我的女兒三天前拿到了大學的錄取通知書，我覺得我可以和我丈夫離婚了。我來這裡是為了做最後的考量。」

「聽得出，你很關心女兒，之前不提是怕影響她升學吧？表示你對老公不滿已經很久了嗎？」我問她。

她看看我，好像有點猶豫地說：「也不是不滿，主要是沒感情了，也看不出有什麼希望；等九月女兒離家去讀書，我倆也許就更沒話說了，所以……」正像她後來說的，對於離婚，她心裡不好過，但好像也不是特別難過。

我提醒自己和郝楓慢下來，問她：「關於『沒感情』，你能多說一些嗎？讓我有更多的瞭解。」

不像很多要離婚的人，打開話匣子就開始傾訴甚至是控訴，郝楓似乎並沒有太多想說的。即使接下來我們這裡那裡說了一些，我也沒找到重點。

聽起來，郝楓的丈夫能分擔家務、照顧她和女兒、安安分分地工作，除了抽煙也沒有什麼不良嗜好……夫妻之間的摩擦當然有，也有不滿意的地方，比如嫌他沉悶、木訥、閉塞等。

我請她舉個對他很不滿意的例子。

比如，說好一家三口回老家看母親的，後來公司臨時有事他沒去成；有一次，親戚一起吃飯，弟弟無意中說那頓飯花不了多少錢，他聽到覺得這是看不起他……等。

我有些困惑，這些給她帶來的困擾會導致離婚嗎？

她的回答出乎我的預料：「也談不上困擾、失望……我好像本來也沒抱什麼期望……」

我停頓了一下，身體前傾一些，看著她的臉認真地問她：「你是說，你對婚姻本來也沒抱什麼期望嗎？」

她點點頭，緩緩地說：「談戀愛的時候，因為是他主動，對我特別好。我不會撒嬌耍賴，也不會提什麼過分的要求，但只要說出來，他幾乎都會滿足我……」

談到戀愛時的浪漫時刻，她的臉上像是開了一朵花。

只是花朵很快就凋謝了，她淡淡地說：「但是和他結婚的時候，我就已經不抱太多期望，我甚至已經做好了離婚的準備。」說完，她自己也嚇了一跳。

然後，她又補充了一句：「要說當時唯一的期望，就是能生一個女兒，好好疼愛她，這一點我已經如願以償了。」

我不值得別人對我好

我心裡有很多的疑團，安靜下來輕聲問她：「即使他追求你、談戀愛的時候，你也不會撒嬌，不提過分的要求；即使披上婚紗，你對婚姻也沒有太多的期望……那是一種什麼樣的感覺？」

她若有所思，好像回到二十年前的記憶裡：「有點高興，又有一些……忐忑，終於有人對我好了，我千萬不要不知足啊；還是有點期盼，因為如果我結婚了，說不定能生一個可愛的女兒，那樣的話，我就可以和大多數正常的女人一樣了。但似乎也有一些沉重，好像預感到事情不會太順利……」

她停了一會兒又說：「當然，我也期盼天上能掉下來一份大禮給我，但我真的不敢奢望，上天從來不曾眷顧我。」

「終於有人對你好了……千萬不要不知足啊……就和正常的女人一樣了……天上掉下來一份大禮……不敢奢望……上天從來不曾眷顧你……聽你這樣說，我感到很難過，難道你覺得……你不配嗎？」我遲疑了一下還是決定說出最後一句話。

她眼瞼低垂，面容變得凝重起來，用下排牙齒咬著上面的嘴唇，憋了很長時間，眼淚撲簌簌地往下掉。

過了很久她才說：「可能是吧，談戀愛的時候我確實覺得，有個人要我就不錯了。我和別人……不一樣，這麼多年，我內心總有一股焦慮不安、很不踏實的感覺，覺得……我……我不值得別人對我好。」

一陣心疼的感覺湧上心頭，我想通過我的聲音語調傳遞我的關懷，問她：「你有這樣的感覺多久了？那時，你幾歲？」

郝楓轉過頭去，看了一會兒窗外。立秋過後，窗外還是濃郁的綠色，也許是剛下過一場雨的緣故，地上有一些落下的樹葉。她出神地看了一會，回過頭來告訴我：「好像從小就有吧？」

接著，她開始描述她父母之間的矛盾和爭吵，以及對自己的影響。

根據之前的瞭解，她參加過一些工作坊，還上過相關的課程，已經處理過原生家庭的問題。我想瞭解一下她這方面的進展怎麼樣了，她說已經放下了，和父母的關係緩和許多，父母其實後來一直很關照她，包括幫她帶孩子，已經沒問題了。

靜默，很長時間的靜默。

我想起了她還說過一句重要的話，和她核對：「你說過，『上天從來不曾眷顧我』，你這樣說的時候我在想，你的內心一定很憤怒，對嗎？」

她沉默了很久，眼睛不看我，雙手互相搓揉著手指頭，猶豫著。

我鼓勵她，如果有，是時候在這裡釋放出來了。

她的臉開始漲得通紅，情緒也激動起來：「我當然憤怒，事情發生在誰身上，都會憤怒的，我出生以來，上天從來就沒有眷顧過我，這，公平嗎？」

我讓她站起來，帶著這樣的憤怒體驗，關注呼吸，特別是用力呼氣。

我和她一起用力呼氣，還一邊數：「一，二，三，四，五……」直到她的表情平緩下來一些。

接下來，她又不說話了，也不看我。我似乎預感到了什麼，心想也許她還需要一些時間，需要更多的心理準備，我決定耐心等待，也更加有意識地準備我自己安定、集中、充滿愛的狀態。

背著雙重創傷的倖存者

她再來的時候，我們繼續之前的探索。我輕聲徵求她的意見：「願意一起看看嗎，那時發生了什麼？」

她低著頭，身體微微發抖……我提醒她覺察並允許身體的抖動，不要逃開……

郝楓身體抖了一會兒，終於慢慢地停下來，她艱難地說出了一句話，聲音輕到幾乎聽不見：「那是……另一個版本的《黛絲姑娘》[3]。」

氣氛變得沉悶而緊張，我有意識地調動自己支持的能量，安靜地等待，也希望是一種溫暖的陪伴。

郝楓陷入了回憶，一些畫面在她的眼前閃過：「十六歲吧，是我高二那年。那是

3. 《黛絲姑娘》（*Tess of the d'Urbervilles*）是英國小說家托馬斯・哈代（Thomas Hardy）的長篇小說，內容描述十九世紀末一位英國鄉村少女黛絲，遭到身為貴族的遠房表哥誘姦失身並生下孩子，因曾有這段遭遇，在新婚之夜得不到丈夫安傑的諒解，種下悲劇的故事。

一個週末的冬日下午，放學後，我忘了因為學校有什麼事耽擱了……爸爸那天也不知道為什麼，沒有像往常一樣騎車來接我……天黑得早，我自己走在路上，心裡有點害怕，小跑步地趕回家……

「突然，從路邊的溝渠裡竄出一個黑乎乎的人影……他抓住我，硬是把我拖到乾枯的河床……我呼喊、掙扎……沒有用……」

她哽咽著說不出話來，雙手捂著臉無聲地哭泣。

我的聲音有些顫抖：「你的身體抖得厲害，和你的身體待在一起，去體驗它、允許它。」她閉著眼睛渾身發抖，嘴裡還哭著、喊著、罵著……

我鼓勵她：「把所有的緊張、恐懼全都抖出來，哭出來，不要壓抑它，你壓抑得夠久了。」然後邀請她：「你一邊抖，一邊睜開眼睛看著我，你已經不是那個十六歲的女孩子了，你體驗到了那時的恐懼和憤怒，但你已經不在那裡了。」

她睜開眼睛，渾身發抖，連牙齒打顫的聲音都聽得很清晰。

過了好一會兒，我看到了她眼中的憤怒，遞給她諮商室裡一個暗紅色的抱枕。

她抓起抱枕用力地拍打，聲嘶力竭地哭喊：「你這個混蛋，你害死我了，我要殺了你，我一定要殺了你！」還不夠，她站起來用力跺腳，拳頭在空中揮舞。

可是，事情還沒完，一個月、兩個月、三個月過去，原本規律的生理期不再如期而至。她查健教書的相關章節、找圖書館的女性雜誌來看……太可怕了。

她是硬著頭皮告訴媽媽這些的，媽媽帶她去了醫院。「可是，媽媽絕望的眼神，我到現在都記得；從醫生說話的口氣裡，我聽出了輕蔑。我突然意識到，我這輩子算完了，不會有人理解我，好像我給家裡人丟盡了臉面。媽媽告訴我，千萬不能讓爸爸知道，『否則，他絕不會饒了你的』。」

又是一次痛苦的面對……她身體的疼痛還不算什麼，關鍵是那深深的羞恥、壓抑和困惑……她說她不止一次想到了死。

她決定把一切都埋藏在心裡，就連這次說出口，都讓她懷疑是不是背叛了當年的自己。

這樣的痛，從十六歲開始一個人獨自承擔，我看到了她的力量，那是一種自我保護，保護她、幫助她安全走到今天，成年的她，已有能力、有勇氣去面對。

我們開始處理這個壓抑她多年的羞恥感。我在一張白紙上寫了「羞恥」兩個大字，讓她站在上面，然後蹲下，和自己的羞恥在一起，充分地體驗。

她越蹲越低，越蹲越低，恨不得要從地板上消失。她事後說，就是那種想找個洞鑽進去永遠不要出來的感覺。

體驗得差不多了，我提醒她：「是時候了，做一些準備，讓生命在這裡轉折……」我用帶領冥想式的語言邀請她：「現在，關注呼吸，放鬆身體……對，關注呼吸，放鬆身體」。我一直記得並實踐著薩提爾女士的話：「呼吸是你與生命力的聯結」、「放鬆就是你在休養自己的身體並賦予它力量」。

然後，我讓她站起來，離開寫著「羞恥」的那張紙，帶領她做一個薩提爾模式的冥想，聯結大地、宇宙和人的三股力量，去體會貝曼老師那首關於「我是誰」的新歌：「我是寶貴的，我是獨特的，我是值得的，我是複雜的。」

這不是你的錯

回到那次事件，我肯定而信任地看著郝楓說：「還好，你活過來了！不僅活過來了，還考上了大學，然後結婚、工作，還把女兒培養成了一名大學生……這些，一定很辛苦吧？」

郝楓的眼圈紅了，說：「我都不知道自己是怎麼活過來的……真的太辛苦了！哇嗚……」聽得出來，這哭聲裡更多的是對自己的疼惜。她值得這樣為自己痛痛快快地哭一場。

她說，在那段最黑暗的時期，她就像一塊枯死的木頭，不知道怎樣活下去，但死也不是一件容易的事，何況，她心有不甘啊。在很長的一段時間裡，她說她只是吃飯、睡覺、上課……

她說：「當一天和尚撞一天鐘，也許就是這樣的感覺吧？」

我認真地說：「特別辛苦的時候，即使當一天和尚撞一天鐘，也不是一件容易的事情呢。你要起床，要回應老師的要求，要打起精神一整天，第二天還要繼續……」

她看起來很感動，點點頭：「您這麼說的時候，我覺得您是最理解我的人了。是的，當時活著都很艱難，我一直不斷地告訴自己兩個字：活著。有時候會冒出一個疑問：怎麼活？我沒有答案，就告訴自己不要去管這些，分兩步走，第一步是活下來，怎麼活是第二步的問題……後來也遇到一些別的困難，我就想：當時都能活下來，現在也一定可以。」

我由衷地表達我對她的欣賞：「看得出，你能分兩步走，是很有智慧的；對自己也很有耐心、很有信心、很堅強，你依靠自己的努力克服了一個又一個難關，你很了不起。你可以看到自己的這些好嗎？」

郝楓想了想，說：「很感謝您這麼說，我好像從來沒有從這個角度看過我自己……的確，這樣說來我這個人還是可以的，是有優點的。」

為了讓這一點鞏固並擴大，我邀請她再講一些覺得自己「有優點」的事情。我們一起去覺察，透過這些事情看到她的聰明、她的靈活、她的勇敢、她的愛心，她重視親情，她重視精神層面的追求……

我把所有這些寫下來，讀給她聽，讓她牢牢地記住，這些都屬於她。

我邀請她以成年、有力量的狀態和當年的自己對話。她挑選了一個粉紅色的玩偶拿在手裡代表十六歲的自己，剛說了一句「這不是你的錯」，就難過得說不下去。

她說，上大學的時候她讀了很多遍《黛絲姑娘》，每次都是一邊讀一邊哭，為黛絲的命運更為自己的遭遇而哭，關於貞潔的那段話她幾乎能背下來：

「她向自己發問，貞潔這個東西，一旦失去了就永遠失去了嗎？如果她能夠把過去掩蓋起來，她也許就可以證明這句話是錯誤的了。有機的自然都有使自己得以恢復的能力，為什麼唯獨處女的貞潔就沒有呢？」

小說中，新婚之夜時，黛絲向安傑說完自己的遭遇，安傑的態度刺傷了黛絲的心，也一次次澆熄了郝楓對未來的希望。她相信，那很可能就是自己將來的命運。

我讓她帶著體驗說這句話：「這不是我的錯。」

她聲音很小，有點顫抖。

我提高了音量，請她學我這麼說：「這不是我的錯！」

然後，我請她提高音量，不斷地重複這句話，直到最後，她高聲地喊出「這不是我的錯！」

她放聲痛哭。

慢慢地，她情緒平穩了一些。我溫和地對她說：「那是你的記憶，不是你，你的身體也早已是全新的了。而且，你是成年人了，已經不在那裡了，你已經安全了。去體會這些。」然後，我邀請她繼續傾聽、陪伴那個十六歲的女孩子，就像她疼愛自己的女兒一樣。

她再次拿起粉紅色的玩偶，進行了一番對話，並向「她」保證：「我是成年人了，有足夠的能力和智慧保護你了，當你需要的時候，我會關心你、陪伴你，不會再讓你受苦了。」

停頓兩三秒鐘，我問她：「你現在感覺怎麼樣？」

她摸了摸後背：「哦，出了一身的汗，感覺輕鬆多了。好像從一場噩夢中醒來了……好像有一個幽靈……從我的身體裡離開了，從我的心裡飄走了……」

我選擇相信

回到婚姻的問題上，我問她：「這場噩夢、這個幽靈怎麼影響了你們的關係？」

她想了想，說：「現在想來，應該有很大的影響，我好像心裡隨時都有著後路，隨時準備著帶女兒逃跑；同時，內心其實又想跟對方要很多東西。」

我問她：「要很多東西，具體是什麼？」

郝楓不怎麼確定：「隱隱約約的，總希望他是懂得後悔的安傑，能理解我、接受我、愛我、保護我……好像這樣的話，我的苦才沒有白受。」

但她從來不敢說這些，他也就不知道她的這些需求。

我頭腦中出現一個畫面，想展示出來給她看。我邀請她站起來扮演先生。我在盡可能遠的地方扮演她，一半轉身向外，眼睛不是向外看，就是轉向女兒，卻幾乎不看「他」；左手高高地伸出來，代表「她」有很多期待，得不到就邁開右腿往外跨出一步，「他」向我靠近一步，我就再向外跨出一步……

我問她：「這符合你們內心的畫面嗎？」

郝楓點點頭：「沒錯，我和老公之間好像還隔著一道溝，我想，那就是我的不信任吧。」

「你在老公的位置上，感覺怎麼樣？」

「很痛苦、很迷茫，也很絕望……」

她說，她現在知道，他還是很努力的；是她自己好像沒有真正關注過生活，從來都沒有真正相信過他，覺得活得很不真實。

「假設此刻，你老公就站在你的面前——在想像中，你想對他說些什麼嗎？直接告訴他。」

郝楓很快進入到體驗中：「親愛的，我很抱歉。現在看來，我的那些抱怨和挑剔，其實是我在保護自己。那件事之後，我厭惡、鄙視我自己，不相信有哪個傻瓜會真正愛我，又特別希望有一個人真正愛我。我總以為，你一旦知道我的過去就會走掉，與其讓你將來有一天拋棄我，不如我隨時準備轉身離開。我不敢信任你，真對不起。」

然後，她感謝老公這麼多年的包容和支持，感謝他對女兒、家人的付出，語氣堅定地說：「雖然曾經發生的經歷告訴我，不要相信任何人，但我內心深處有一股生命的力量告訴我：要相信。相信你，也相信我自己，我決定把這份相信帶到我們的生活中。」

我很感動：「你現在看起來很不同。」

她點點頭：「是的，我知道前方還有很長的路要走，但我有了信心，也有了勇氣，有一種威風凜凜的感覺，不管發生什麼，我都會勇敢面對。」

我忍不住為她鼓掌，她也跟著我鼓掌，熱淚盈眶……我看到了，那是一枝歷經風霜的梅花在傲然綻放。

諮商師解讀

親密關係中觀點、信念的影響

我們的大腦具有思維、組織、邏輯運用的能力，會產生想法、形成觀點和信念，具有對人、事物賦予意義和進行解讀的能力。做為內在的認知因素，這些觀點、想法和信念的本意是幫助我們更加順利地走好每一步。然而，實際情況是，我們有時像作繭自縛的春蠶，繭是我們親手營造的小世界，它相對安全，但空間狹窄，會把我們自己限制在裡面。一些牢固、強大的觀點、信念有時候就是這樣毀掉一個人、毀掉一段美好關係的。

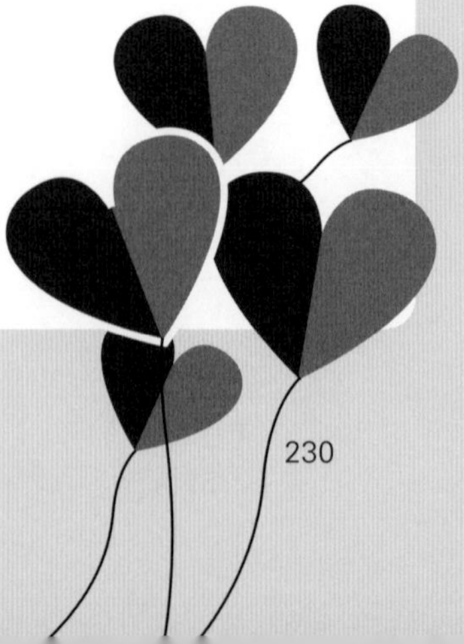

觀點、信念如何影響親密關係

案例七中，當葉凡和別人處在一段糾纏不清的情感中，海陽以下的觀點、想法和對問題的解讀，把他們夫妻的關係推向了更加困難的境地：

「這種道德有瑕疵的人，我寧願放棄。」

「她不是個好女人。」

「真夠虛偽的，自己幹了好事，還假惺惺地好像很留戀這場婚姻似的。」

「我恨自己，一個大男人怎麼這樣沒出息？！」

「相比而言，她犯的錯誤才是違反道德的，不是嗎？」

案例八中，白瀅以下的這些想法和信念，使得白瀅在面對丈夫出軌、處理兩人關係的時候，自我價值感降低，失去信心和力量：

「我好愚蠢。」

「不都說『婚姻出問題，兩個人都有責任』嗎？」

「女人就是不應該放棄自己的事業，不應該太依賴男人。」

「出了這種事，別人有錯，難道你自己就沒有問題嗎？」

案例九中，方暉對婚姻——特別是離婚的以下看法，加重了他內心的恐懼，難以呈現出自己的成熟和穩定，從而更加不利於關係的和諧：

「一旦結婚，無論如何都不要離婚。」

「我非常不喜歡……離婚是一場災難……很丟人，甚至很屈辱。」

「離婚會給親人帶來太多的痛苦，無論如何都要避免。」

案例十中，擋在雨馨和男友之間的那堵牆，正是存在於潛意識的觀點和信念：

「男人沒一個好東西！」

「我再也不相信男人。」

「你是個不負責任的男人，你狠心拋棄了我們！」

「你該負起你的責任，做個好丈夫，你該遠離那些女人……」

案例十一中，郝楓對自己的信念阻礙了她生命力的呈現，從而也影響到了她的親密關係：

「上天從來不曾眷顧我。」

「有個人要我就不錯了。」

「我不值得別人對我好。」

根據薩提爾模式的冰山隱喻，每一個人都像一座漂浮在海面上的巨大冰山體，能夠被外界看到的只是外在的行為或應對方式，這只是露在水面之上很小的一部分，暗藏在海平面之下更大的山體才是我們真實而豐富的內在，包括「內在的感受、感受的感受、觀點、期待、渴望和生命力」。它們之間是緊密聯繫在一起的，比如，想法、觀點、信念做為冰山的其中一層，它會影響一個人冰山的其他層面，如「期待和渴望」，期待和渴望滿足與否又會影響一個人的「感受和外在行為」，也會影響一個人的生命力狀態。限制性的觀點、想法和信念正是這樣成為影響親密關係的盲點。

限制性觀點和信念的特點

這些給個人和關係帶來困難的限制性觀點和信念，歸納起來往往具有以下特點：

♥絕對化、強迫性的要求

以自己的主觀意願為出發點，認為某人、某事一定要怎麼樣，他人必須怎樣，我必須怎樣，這個世界必須怎樣等等，這種想法、觀點和信念常常是非理性的。比如：不管合不合理，都不要對別人提出自己的需求；遇到什麼不好的事，自己一定有錯；「男人沒一個好東西」、「我再也不相信男人」；「上天從來不曾眷顧我」等等。

♥評判性

評判性就是**凡事都要分出是非對錯**。在一段關係——特別是親密關係中，人和人之間有很多不同之處，比如針對同一件事情的看法和解讀不同，引發的感受也不同。一旦要評判出是非對錯，特別是道德上的評判，矛盾就會產生，並且難以解決。

例如，海陽的想法：「這種道德有瑕疵的人，我寧願放棄」、「她不是個好女人」；方暉認為離婚是「一場災難……很丟人，甚至很屈辱」；雨馨下意識地認為「男人沒一個好東西」。

這樣的評判容易形成一堵牆，把兩個人隔開，只把目光盯在評判的標準上，難以看到對方這個活生生的人；僅僅根據一個人說了什麼、做了什麼去定義一個人，實際上等於把兩個人放在了對和錯的對立面，就很難有動力和機會去好奇和瞭解一個人更加豐富的內在。就像海陽後來瞭解到，葉凡愛上別人的行為背後，有很複雜的原因，不是一句「這種道德有瑕疵的人，我寧願放棄」就解決得了的。

極端負面的思維方式

某些線性思考也會影響親密關係，即常常認為事情的可能後果非常可怕、非常糟糕，甚至是一場災難。

比如，方暉認為離婚是一種恥辱，是他絕對不願意承受，也承受不了的；雨馨「擔心和媽媽一樣，被某個人毀了我的一生」，意即如果她也找了一個像爸爸那樣的人，這輩子就完了；郝楓的絕望，「我這輩子算完了，不會有人理解我」。

即便經歷不好的事情，也不意味著就真的「完了」。薩提爾模式的信念之一是：改變總是可能的，即使外在的改變有限，內在的改變仍然是可能的。這種極端負面的思維方式會阻止這種可能性，讓人看不到希望和機會，也就不能從這個過程中學習，把生活中的挫折變成成長的契機。

有害的信念

在成長的過程中，我們很多人學到、相信的信念——特別是關於自我、關於世界的信念，往往是：我不好，我不夠好，我需要更好，我不配，我沒有資格，我不值得，我為自己感到羞恥。

比如，關於世界的信念，郝楓的「上天從來不曾眷顧我」。關於自我的信念，海陽的「我恨自己，一個大男人怎麼這樣沒出息」；葉凡對自己的信念之一是「不管在哪裡都是多餘的」；白瀅認為「我好愚蠢」；方暉認為父親做了不道德的事情，讓他抬不起頭；郝楓的「我不值得別人對我好」、「有個人要我就不錯了」等等，這些有害的信念，都是對生命力的嚴重打壓。

儘管因此產生的恐懼、害怕、焦慮、自卑、無助感等，確實能在某個程度上促使人們更加努力、上進，但最大的問題是，長此以往，人會永遠感覺匱乏，感覺「不夠」、「不好」，生活在恐懼之中。

每個人都想活出自己的信念，相信自己不夠好，是很難有一天感覺「夠好的」；但是每個人的內心深處都渴望自己是夠好的，渴望被認可、被肯定、被欣賞、被愛。

關於「我是誰」，國際知名薩提爾導師約翰．貝曼博士告訴我們，你是誰不等同於你認為你是誰，我們需要更新關於「我是誰」的信念。薩提爾女士認為，我們每個人都是宇宙同一生命力的獨特彰顯。在工作坊裡，貝曼博士經常邀請大家唱這首歌：「我是寶貴的，我是重要的，我是獨特的，我是值得的，我是複雜的。」

與其通過一個人說了什麼、做了什麼，或者通過比較去評判一個人，最大的差別在於，薩提爾模式在根本、人的本質層面上肯定和相信自己，讓自己感到更安全，更踏實，更有自信。

薩提爾有一段著名的話：我們有多欣賞和愛自己，就有多不需要別人來為我們做這一切，這時，我們就可以開始一個享受他人、同時也愛和享受自己的美妙旅程。這時候，我們走到一起是由於相互吸引，而不是出於強迫性的衝動。

♥童年或曾經的決定

也許他們自己都沒有意識到，每次經過特殊經歷後，一個人常常會有一個新的決定。比如，葉凡也許有一個早年的決定：「做一個不惹麻煩、多做事的乖孩子，生活才能平順」，所以不管合理與否，她從不提出自己的需求；方暉在童年下的決定是：「將來無論如何也不要離婚」；雨馨的決定是：「我再也不相信男人」；郝楓則做出了對婚姻不抱期望的決定。這樣的決定，哪怕當事人沒有意識到，也會給日後的生活帶來限制性的影響。

將規條轉化成有益準則

在薩提爾模式裡，有一個概念叫「家庭規條」，即我們在原生家庭中學習人活著，應該有哪些重要的堅持以及應該表現出的行為，其中有一些是僵化、沒有彈性、沒有選擇性、限制我們對自己的知覺，這就是家庭規條。**家庭規條經常以「應該」、「必須」、「永遠都要」、「絕對不能」等字眼，以「期待」的形式出現。**

可以看出，前述案例中很多不恰當的觀點、想法和信念都屬於家庭規條。

家庭規條的形成往往有重要的歷史必然性，也包含了重要的家庭價值觀，但遵守這些規條常會帶來痛苦或陷入困境，已經不再適合成年後的生活，有必要將規條轉化成有益的準則，讓人有更多的選擇和自由，又不失去原有規條重要的價值和作用。

家庭規條的轉化，主要是在原來絕對化、強迫性、非理性、僵化的基礎上，增加一些理性、彈性或可能性，哪怕剛開始時這種理性、彈性、可能性很微小，也會起到很大的作用，就像在密不透風的牆上鑿了一個小孔，通過它去看外面更大的可能性。

我們可以將「應該」、「必須」等，改為「可以」；將「永遠」、「任何時候」改為「有時」。薩提爾模式建議列出至少在三種條件或情境下，可以不使用規條。

比如，海陽從「都是她的錯」到「也許，我也有責任？」，哪怕他認為葉凡「犯的錯誤才是違反道德的」，但從「都是她的錯」到「主要是她的錯」，這個觀點上的移動是很有意義的，因為它開啟了新的可能性，他開始轉向自己了。

白瀅對自己的信念，從「我好愚蠢」，認定自己有錯，到認為「我這個人也許並沒有那麼差」，則是自我觀念的重大變化，因為改變才會有後來的新決定：「未來的事就交給未來吧，好像也沒什麼大不了」。

方暉從原來認為「離婚是一種恥辱」，到後來「我還是不願意離婚，但是，我對離婚的解讀不一樣了，不再賦予它那麼多意義」，這是為自己鬆綁。在放鬆的情況下，「好像也不像以前那麼笨了，做什麼事反倒做得更快、做得更好」。

雨馨從原來認為「男人沒一個好東西」到後來的「有百分之二、三十是好人」，這種轉變會帶來能量上的巨大提升。

郝楓從認為「我不值得別人對我好」，到後來認為「我這個人還是可以的，是有優點的」。這對當事人來說都是非常重大的突破，也是很大的解放和自由。

需要注意的是，改變的重點不在於規條字面上的變化，而在於遵守規條所帶來的衝擊變化上；這種轉化是在人的內在系統裡的轉化，也就是說，與規條緊密聯繫的行為、應對方式、感受、期待、渴望、生命力等，會發生系統性的變化，是借由觀點、想法的鬆動接納了自己的獨特性及內在資源，賦予自己更多的力量，使一個人由內而外地發生變化。

第四章

調整你的高期待

案例13

當自己的靈魂伴侶

我想首先做自己的靈魂伴侶，用心瞭解並滿足自己內心的渴望，讓生命之花綻放，在現實生活中活出自己的獨特價值。若真如此，不管有沒有另一個「靈魂伴侶」，此生都不會有太大的遺憾吧？

我的人生漲潮了！

孟瑤在我面前坐下來，問我的第一個問題是對「靈魂伴侶」的說法怎麼看。

我開玩笑說，聽起來就很厲害，我很嚮往呢。然後我認真地看著她問：「孟瑤，我怎麼看『靈魂伴侶』不重要，在這裡你更重要，你來見我和這個問題有關嗎？」

孟瑤不好意思地點點頭：「嗯，正為此事而來。」

我請她說說看。孟瑤首先表明立場，說她對婚姻是非常認真經營的，和老公結婚十年，相互體貼，彼此支持，共同養育了一個可愛的兒子，今年八歲，讀小學三年級。和雙方父母關係也很好。

她接著說，平時聽別人說起婚外情啊什麼的，她不太理解：放著踏踏實實的日子不過，哪裡來的那份閒工夫，累不累呀？曾經以為，結婚後她這輩子就只愛老公一個人了，感覺也挺幸運的。

「沒想到的是，在我的生活裡，說好聽點也出現了浪花；說嚴重點是海水漲潮了，我真怕它捲走了我平靜的生活。」孟瑤嘆著氣，停下來不說話。

我問她：「那是什麼樣的感覺？」

孟瑤想了想，決定以一幅想像的畫面描述她的這段歷程：一個夏日夜晚，她坐在美麗的海邊，感受著陣陣涼風，抬頭看繁星滿天，海浪有節奏地拍打著沙灘……她留意到，海水越來越近了，到腳邊了……打濕了她的雙腳……濺到了她的衣服上……她的腳已經浸在水裡了……整個人已經坐在水裡了……

「我很清楚：漲潮了！我知道應該站起來走掉，不然也要後退幾步。可是，海水的溫度、力度都恰到好處，讓我體驗到一種從來沒有經歷過的醺然，我感到興奮而刺激，我留戀這樣的美好……

「我知道這樣太危險，再任性下去的話遲早會被海水吞噬掉。」

她嘆口氣，有意識地從畫面中出來，回到諮商室，問我：「我可以這樣傳達最近的感受嗎？」

我點頭讚賞：「好文筆，也很有感染力。這就是你說的『靈魂伴侶』給你的感覺嗎？和他在一起，你感到舒服、享受、興奮、刺激、美好？」

她面帶羞澀地點點頭：「嗯，和他在一起，我感覺自己是綻放又完整的，但又很緊張、害怕、自責、愧疚，心裡七上八下的。」

我讓她慢下來：「此時此刻，去觸碰這些『七上八下』的感覺，感受它，承認它……」

感受是分層次的。孟瑤低垂著眼瞼坐在那裡，認真而耐心地體驗著她的歷程，很多事情在她的內在發生……我們用深呼吸的方式，讓這些強烈的感受一一釋放……

她慢慢地平靜了下來，長長地呼出一口氣，說：「矛盾和掙扎比較減輕。」

是高於生活，還是不必談論生活？

幾個月前，孟瑤在同學會上遇見了高中校友陸遷，他們從加通訊軟體打招呼、彼此問候、聊天，直到相互吐露心意，孟瑤再次感受到了初戀般的美好。

和初戀不同的是，兩個人都有了更加豐富的閱歷、更加豐厚的物質和精神生活，好像找到了一個能夠在精神花園裡款款邁步、共敘情懷的人，這讓她很著迷。

她變了，在家無法專心在日常瑣事上，更加討厭那些沒完沒了的家務，比如總要打掃的地板，洗了還要再洗的碗筷……她無法阻止自己拿老公和陸遷相比，比較的結果自然是陸遷更勝一籌，老公甚至遠遠看不到陸遷的車尾燈。這又讓她產生罪惡感。她從來沒有想過要打破現在平靜的生活。

她最大的疑問是：「像我這樣相信婚姻、捍衛婚姻的人，怎麼也會不知不覺地迷戀上一個不該迷戀的人？」

她希望弄明白這些，也許她就能盡快從這種掙扎中走出來。所以，我們把諮商的目標定在了探索迷戀背後她內心的需求。

我問她：「和他們兩個在一起，感受上最大的不同是什麼？」

孟瑤仔細思考一會兒說：「這麼說吧，一個是埋沒於日常生活的『俗』，一個是觸及精神層面的『雅』，所以我才懷疑，這是不是就是所謂的靈魂伴侶？」

「聽得出來，你很重視人的內涵，追求內心的豐富和提升。你的意思是，老公有的是埋沒於日常生活中的俗，而陸遷有的是觸及精神層面的雅，是嗎？」我問她。

孟瑤剛要點頭，又搖搖頭：「之前好像是這麼認為的，但當您這麼說的時候，我發現，實際上我不能否認老公也有他『雅』的一面；陸遷……有『俗』的一面嗎？我只能說不知道。」

我和她核對：「你是說，生活中的陸遷是什麼樣子，你不太瞭解是嗎？」

孟瑤若有所思，說他倆在一起時間不長，加上主要是網路聊天，不太瞭解他平時比如和朋友、和家人在一起時會是什麼樣子。

我有意停頓兩秒鐘，問她：「我有一個猜測，你和陸遷在一起時，感覺高於生活，有沒有可能，是因為你們不必真的談論生活？」

孟瑤遲疑了一下，點頭承認：「嗯，的確有可能，我和老公天天埋沒於生活，我們必須面對瑣碎實在的柴米油鹽。」是不是覺得這樣的生活有遺憾、有無奈？她也承認了。

「那麼，這算是對這種缺憾的一種不自覺的彌補嗎？」我問她，她知道我指的是什麼。

孟瑤不置可否，我繼續問她：「根據你的判斷，這種缺憾是源於老公，還是因為生活本身？」

孟瑤望著窗外，透過玻璃可以看到外頭的車水馬龍，似乎每個人都是忙忙碌碌的。她嘆了一口氣說：「是啊，有老有小有工作，生活節奏又這麼快，不管和誰在一起，真正生活起來也許都會被生活淹沒的吧？」

我們在這種遺憾和無奈上工作了一會，接納生活本身的現實性，這也正是生活的魅力所在。

回到婚姻，我說：「我有一種感覺，你這樣一個在乎婚姻、注重精神生活的人，當年選擇的老公也一定俗不到哪裡去吧？你剛才也說，老公有他『雅』的一面，具體是什麼？」

孟瑤想了想，說老公其實有她非常欣賞的地方，熱戀時她很崇拜他。他除了細心周到、感情細膩，其實內心也很浪漫，比如他對音樂——特別是電影音樂非常熱愛，也很有研究。哪部電影誰作曲、哪個導演喜歡與哪個作曲家合作、那些作曲家的經典作品是什麼，包括他們的生活經歷等等，他能如數家珍。

她舉例說，有次散步時，他對她描述一九八〇年代電影《巴山夜雨》裡高田的作曲，他一邊哼唱，一邊詳解曲子是怎麼在不同的情境下表達不同的情緒。這部電影剛開始時用慢節奏、沉重的音樂，表達的是一種哀傷中隱隱蘊含著力量的感覺；逐漸地，後面開始加入新樂器，讓人隱隱約約感覺到，好像有個人在低聲哭泣；中間一段快節奏的音樂，表現的則是力量的迸發與展現。

他還細細講解畫面與音樂是如何配合的天衣無縫，如開頭音樂與流水：「音樂聲隨著江水的流動響起，好像是從水流中嫋嫋升起，又好像是從人物的內心慢慢昇華……」就這樣，他一邊哼唱一邊描述，很陶醉的樣子。

然後她承認：「我這幾年忙於生活，無心欣賞老公迷戀的東西，所以產生的共鳴少了很多。」

我問她：「這樣說的時候，你的感覺怎麼樣？」

她嘆口氣說：「感覺輕鬆一點了，對自己、對關係也理解得更多了，心裡沒有那麼拉扯。」

自由其實是一種選擇

第二次來的時候，說起陸遷，孟瑤有點神祕祕地告訴我：「陸遷現在是一個自由撰稿人！」

陸遷從小熱愛文學，從上學的時候起就熱愛寫作，高中時就發表過作品。大學畢業後，從政之餘堅持創作，主要是小說，也寫寫詩歌。他已經出版了一部長篇小說，陸續發表了幾部中篇小說，還有上百篇的短篇小說，也出版了自己的詩集。

一年前，他聽從自己的內心聲音，辭職當個自由撰稿人，正在寫一部長篇小說，反映城市快節奏生活中，三十多歲已經結婚生子的這批人，面臨工作壓力、買房壓力、教養孩子壓力時的內心掙扎和呼喊。

我由衷讚賞：「真了不起！……我看到你說『自由撰稿人』的時候，眼裡閃爍著光芒，你怎麼看這個職業？」

停頓了一秒鐘，孟瑤笑了，說：「您剛才說『職業』這兩個字的時候，我好像才突然意識到這其實也是個職業，您是想提醒我什麼嗎？……沒錯，我很羨慕這個職業，自由撰稿人有兩點讓我特別動心，首先一個就是自由。」她知道自由工作者也有很多不自由，但是，沒了公司朝九晚五的要求，沒了報告、規章制度等約束，還是會覺得更自由。

她感慨地說，結婚以來她在一家公司做文案，都是有固定範本的公文寫作，無聊不說，還總是需要改來改去，忙起來時昏天黑地，完成後又變成了一堆廢紙。

回到家裡就更忙了，家務不用說必須做；孩子從上幼稚園開始就是他們自己帶，每天接送，孩子生病了就更麻煩。上小學以後，回來還要盯他寫作業……她覺得這幾年過得真不容易，屬於自己的時間少得可憐，自由對她來講就是奢侈品。

我理解地點點頭，很欣賞她既能埋首於現實的生活，又不忘追求內心的自由。我緩緩地問她：「我聽到的是你也想有自由，你可以為你的自由做些什麼嗎？」

孟瑤想了想說：「這一點對我很重要，也許我需要學習的是讓我外在忙碌的同時，多一些內在的輕鬆。我可以忙裡偷閒看看書，哪怕只是五分鐘；陪老公一起欣賞音樂，也趁機和他多些生活以外的交流；我手寫我心，寫一些有用沒用的文字。」現在畢竟孩子也長大了，自己可支配的時間比以前多，也許最不自由的那段時間已經過去了。

接下來，我請她把能想到的滿足自己自由的方式列成一份清單。她寫下來的時候，除了以上三條，又增加了如下三條：週末一家三口一起出去放鬆心情；每週請一次家事阿姨打掃家裡，讓自己放個假；每年或長或短地出去旅遊一次。

看著她清單上的六條方式，她說，她發現自由其實是一種選擇，至少內心的自由是沒有人能剝奪的。

自己的夢自己圓

我問孟瑤，自由撰稿人讓她心動的另一點是什麼？孟瑤回答：「自由撰稿人很有創造性、很有價值……也許是我自己不敢承認，我也曾經想過要成為一名自由撰稿人……這樣說來，也許我在陸遷身上寄託了我曾經失落的夢想？」

孟瑤果然是一個內心開放、勇敢探索的人。

有一個點我似乎更明白了，問她：「你前面提到過一個詞，說你和陸遷在一起時有一種『完整感』，指的就是這個嗎？」

「也許……吧？可能我下意識認為，陸遷做到了我想做而做不到的，像是彌補了我的一大缺憾，所以『完整』了？我也不知道。」她苦笑著搖搖頭。

我問她：「是『做不到』還是『還沒做到』？」

她笑：「的確是『還沒做到』，很可能『做不到』，不過我也確實沒去做。」她一直喜歡寫作，可是，也許因為小時候除了課本她讀書不多，或者別的原因，她總認為自己的文字不生動，描寫景物、刻畫人物的文筆比較一般，「老師也說過，我的記敘文有些蜻蜓點水」。或許是她更注重思想、邏輯性的緣故，她的論說文寫得很好，隨筆、評論這類比較適合她。

她還有一個特別的理由。高中時，她看過一個關於血型和職業的說法：「按照解讀，我這種A型人當不了文學家。」從那時起，她就不對寫作抱什麼希望了。

我笑：「我還真沒聽說過，血型和文學之間有什麼關聯……不過，自由撰稿人也不一定非得是文學家吧？」然後我有意識地挑戰她：「還是你想的是，不去寫就不會失敗了，或者乾脆找別人替自己圓了這個夢……」

孟瑤阻止我說下去，深深地嘆了一口氣：「唉！自己的夢還是自己圓吧。我不一定也要成為自由撰稿人，但是，既然喜歡寫東西，就嘗試寫自己想寫的，不再讓靈感像以往一樣白白溜走。」

我問她時間和方法怎麼擠出來？

她的口氣很肯定：「真正想做的話，這些都會有的。」她回去就用現代管理學之父彼得・杜拉克推薦的「回饋分析法」（feedback analysis），詳細列出九到十二個月後希望看到的結果，嘗試去做；最後拿實際的結果和今天的預期相比較，然後調整做法。說完，她對我又像是對自己笑了笑：「這樣的話我就不需要陸遷了，我自己就能做自己的靈魂伴侶。」

「多好的說法啊，做自己的靈魂伴侶！」我為她豎起了大拇指。「現在感覺怎麼樣？聽起來你已經做出了決定？」我問她。

孟瑤點點頭：「很輕鬆，頭腦也很清晰，我要在現實生活的基礎上，增加和老公溝通交流的時間，增加屬於我們倆的浪漫和『雅』的時間，尋找我內心的自由；還有，重拾我的寫作夢，不考慮結果。」然後她笑了：「這樣說來，我真得感謝陸遷，是他給我一個『重新做人』的機會。」

我很欣賞孟瑤的這句話：「我自己就能做自己的靈魂伴侶。」我不知道有沒有所謂的靈魂伴侶，但如果有的話，我想首先做自己的靈魂伴侶，用心瞭解並滿足自己內心的渴望，讓生命之花綻放，在現實生活中活出自己的獨特價值。若真如此，不管有沒有另一個「靈魂伴侶」，此生都不會有太大的遺憾吧？

案例14

不要求他成為我期待的樣子

答應和一個人結婚，只是在形式上接納了他；內心是不是真正的接納，還是需要去覺察的。真正輕鬆愉快的婚姻關係，一定是建立在彼此真正接納的基礎上。

還要繼續「改造」他嗎？

二月底的一天下午，天氣晴好，若秋身著一襲長裙走進諮商室，看似休閒，實則講究。通過她的握手、自我介紹和幾句簡單的寒暄，我能感覺到，這是一個很有能量的人。

和大部分來訪者不同，若秋的諮商是在笑聲中開始的，她說：「如果有人知道，我是來諮商婚姻問題的，一定會說我矯情，說我身在福中不知福。請您幫我診斷一下，我的婚姻到底有沒有問題……」

見她要一個「是」或「否」的答案，我把她踢過來的皮球還給了她，說：「有人說婚姻是雙鞋，合不合腳只有自己知道，這個問題的答案，我想聽聽你怎麼說？」

她點點頭，回答得很乾脆：「我覺得有問題、不合腳。」

我請她嘗試從頭腦的思考轉移到內心的體驗：「試著專注於當下的體驗，你的身體、你的內心……想起你們的婚姻，你的感覺是什麼？身體有沒有哪裡不舒服？」

若秋眉頭微皺，撫摸了一下胸口，說：「這裡不舒服，有點悶……我對他不滿意，好像從來都沒有滿意過……我原來對他是生氣，但天真地認為他會改變，現在我很失望。從結婚那年開始，我一直努力讓他改變，二十年了他還是老樣子，我都有點絕望了……您說，我還要繼續『改造』他嗎？」

我理解地點點頭：「聽起來，堅持這麼多年，對你來講是很不容易的過程。」

她嘆氣道：「是啊，我覺得很辛苦很累，關鍵是看不出什麼效果，看不到未來的希望。」

我讓她就在這裡，就在此刻，溫和地陪伴自己的感受：「你有很多的感受，不滿意、生氣、失望、絕望、辛苦、累……慢下來，體驗到這些感受，承認你有這樣的感覺，而且已經很久了，接受這一點……呼吸，放鬆，把注意力放在自己這裡……」

他怎麼就不能和我一樣呢？

等若秋平靜一些，我邀請她告訴我：「你的不滿意、失望都是關於什麼的？」「唉！說來話長，」然後卻又停下了。似乎是本來準備一吐為快，後來還是決定概括起來長話短說：「其實，這些話我已經在他面前、在朋友面前說過許多遍了。」

接著她把對老公的不滿，以對比的方式簡單地歸納成以下幾點：

在做事方式上，她是個急驚風，精力旺盛、當機立斷、雷厲風行；老公是個慢郎中，做事不不慌不忙、慢條斯理、磨磨蹭蹭。

在心態上，若秋的座右銘是積極進取、努力奮鬥，「我的快樂就在不斷往前衝刺的過程中」；老公安於現狀、不思進取，似乎過好生活就已經滿足了。

在生活方式上，若秋愛動，爬山、跑步、旅遊等等她都充滿熱情；老公愛靜，只要是不上班的日子，恨不得一天到晚宅在家裡，做家事、看看書、寫寫字……

在穿衣打扮上，出門在外再怎麼樣也得打理一下吧？可是不管見誰，老公穿搭都隨便得很，而且看上去還很自在；若秋就受不了，以前她是下樓買個菜都要打扮一下的人，現在儘管不那麼講究了，可是總不能有什麼就穿什麼吧。

不管什麼事老公都不決定，「不負責任」，繞來繞去不發表自己的意見，他的口頭禪是：「你說了算，我聽你的！」、「隨便，都好」，一個大男人這樣，若秋很不喜歡……

聽她一口氣講完這些，我跟若秋核對：「聽起來，你和你丈夫確實是很不相同的兩個人……對此，你感覺如何？」

若秋看看我，眼神好像我在明知故問：「生氣呀！他怎麼就不能和我一樣呢？我都說他二十年了他也改不了，氣死我了！」

我們通過呼吸加拍打動作在「生氣」上工作，等若秋慢慢地恢復平靜。

我接著問若秋：「因為你想讓他和你一樣，他做不到，所以你對他生氣，是嗎？

那麼你的丈夫呢？他也想讓你和他一樣嗎？你沒有和他一樣時，他會對你生氣嗎？」

若秋反應很快：「他有什麼資格不滿意我啊？……他偶爾也會說我沒事找事，但大部分時候還是會順著我、放任我。」

「也就是說，你的丈夫基本上能接納你和他不一樣，所以對婚姻比較滿意；你不能接納他跟你不一樣，所以很不滿意，是這樣嗎？」

我想讓她看到夫妻二人對待「不同」的態度及其帶來的影響。很多時候，我們感到痛苦並不是因為我們不同，而是因為我們不能接納這種不同。

這時，若秋好像身體放鬆了一些，肯定地說：「是的，平時生活中我確實比較霸道，一直不斷地想要改變他，有時候還大喊大叫、歇斯底里。」她知道這樣做有損自己的形象，但有時候就是控制不住自己。

我停頓了兩秒鐘，問若秋：「你這樣辛苦堅持要改變他，想要什麼呢？」

若秋回答：「我就是覺得，我是對的，他是錯的。」然後既無奈又疑惑地問我：「我要怎樣才能讓他和我一樣呢？人不就應該這樣嗎？積極努力、樂觀進取、講求效率……」

很多時候，我們在問「怎樣（how）」之前，需要瞭解「是什麼（what）」。他是個什麼樣的人呢？

我們本來就是不一樣的兩個人

我表達了對若秋的欣賞：「我很欣賞你，自信、勇敢、堅持、積極、努力、樂觀……你有豐富的資源去你想要去的地方。聽起來，你的先生也很欣賞你。到你的內心去，給自己一個欣賞。」

若秋默默地和自己待了一會，然後點點頭，說心情平靜一些了。

接著她說：「是的，我老公認可我，人前人後總誇我，說我能做到他做不到的；我們的女兒也很棒，上的大學比我倆都好，他也歸功於我，說孩子是遺傳到我的會念書；他很滿足現在的生活，吃穿住都很滿意……他很願意當我和女兒這兩個『女漢子』的後盾。」

「兩個『女漢子』的後盾？」我重複她的話然後問她，「也就是說，他在日常生活中很願意支持你們母女倆，是嗎？」

若秋忙不迭地點頭：「是，他很包容我、遷就我，都是我教訓他、批評他，他打個哈哈就過去了；他從來不給我壓力，我著急的時候他能理解我，讓我放鬆；我因為公司的事情著急時，他會及時提醒我別著急、慢慢來；生活上就更不用說了，他作息規律，講究生活品質，負責所有的採購、家務，還是我和女兒的司機……」

說起女兒，若秋說她很慚愧，平時她出差，對女兒照顧得很少；特別是公司成立之前，她出國進修一年多，那時女兒正好讀國三，都是丈夫天天接送女兒，照顧女兒的生活甚至輔導她的學習。

講述以上這些時，若秋看上去滿臉的幸福。

這些不正是她前面羅列的老公「五大罪狀」的另一面嗎？我請她在這個狀態裡待一會兒。

我和她開玩笑：「看來，朋友說你身在福中不是空穴來風囉？聽起來，你也一直很享受先生給你的支持……讓我猜一下，這是你當初嫁給他的主要原因吧？」

說到這裡，若秋出神地望著窗外。諮商室外，春意已經悄悄地爬上了樹梢，染綠了草尖，溫潤了空氣。萬物復甦的季節，似乎一切都帶著閃亮的希望。

若秋回過頭來，臉上表情變得溫暖了許多：「謝謝您，我好像都已經忘了，當年我是如何不顧父母的反對，下定決心嫁給他的。他對我太好了，我不願意辜負一個這麼用心待我的人。」說到這裡時，她看起來很感動。

她說，當初（其實現在也是）在他面前就是會感到安心、踏實。她還特別提到了有一次出外旅遊，先是遇到了大雨飛機停飛，後又被迫改變行程等一連串突發狀況，他既能細心、周到地呵護她，又能鼓勵她克服天氣、環境帶來的不便。她感動於這個男人既溫柔細膩，又能在關鍵時刻挺身而出。都說，想瞭解一個人，就和他一起去旅行吧。確實，在那次旅行後，她才決定答應他的求婚。果然，後來生女兒後，她體會到是他的特質讓這個家溫暖、整潔、有序……若秋嘆口氣：「他還是原來的那個他，不是他錯了，我們本來就是不一樣的兩個人。」

我把桌子上的花瓶拿得離我們更近一些，裡面插著幾種不同的鮮花，請她挑兩朵花分別代表他倆，她挑了一朵綻放的粉紅色百合代表自己，然後挑了一朵香檳色康乃馨代表丈夫。我們一起看著這兩朵鮮花，去體會人和人就是如此地不同。

很多夫妻的矛盾都在於，把差異當成了對錯，一邊享受著差異帶來的好處，又一邊想盡辦法去除這種差異。我也想起了另外的一個說法，並拿來問若秋：「你想讓他變得和你一樣，那麼，你能變得和他一樣嗎？」

接下來的探討，涉及彼此的家庭和各自的成長經歷，正是這些讓他們成為今天完全不同的人。

我不給他決定的機會

若秋有點難為情：「這樣說來我還滿對不起他的，他也不提醒我，真不知道他心裡是怎麼想的。」

我問她：「你想瞭解他的感受嗎？」

若秋睜大眼睛問：「怎麼瞭解？他又不說。」

我請她把椅子調整一下方向，在她的前面放了一把「丈夫」的椅子，讓若秋坐在「丈夫」的椅子上體驗丈夫的內心，我把她剛才的不滿和抱怨一五一十地複述給「丈夫」，讓「他」去覺察心裡的感受。

然後問「他」：「聽若秋這樣說，你感覺怎麼樣？你可以直接告訴若秋，在這裡是不會傷害到她的。」

「他」嘆口氣，對著代表「若秋」的椅子說：「唉！真的很難，你天天要我改這、要我改那，我其實很煩……你是你，我是我，你有熱情、有能力、有遠大志向，你喜歡就好，我也很為你驕傲；可我為什麼就非得要聽你的呢？我就是喜歡安靜、平淡的生活，你這樣讓我很難受！我有時覺得壓抑、不自由，很抗拒……」

「他」低頭在那裡待了很長的一段時間，才對我點點頭。

我請若秋坐回自己的椅子，把剛才「丈夫」的話複述給她，然後問：「這有可能是你丈夫內心的感受嗎？」

她點點頭說：「有可能，我剛才在那個位置上真的感覺很難過，特別是當我說『要我改這、要我改那』的時候，覺得應該用『控制』更確切一些，心裡有很大的抗拒感。」

說到控制，她跟我說了最近兩個人發生的爭執。

五年前，若秋看準時機，從公司辭職，成立了一家教育培訓公司，經營狀況越來越好。她的老公畢業後，則一直在一家規模不大的國營企業上班，薪水一般。最近，若秋想在自己的公司推動一個對外合作的專案，需要一個負責與外籍老師洽談合作，並安排接待細節的人。她老公外語不錯，什麼都懂一點，又特別喜歡東方傳統文化，接待外籍老師時很有話題可聊，想說服他加入她的公司。

沒想到他很果斷地拒絕了，說不想和她在同個公司工作。

她說，剛才在「丈夫」的位置上就覺得是控制，連做什麼工作的自主和自由都沒有，很生氣。

我認真地看著她，說：「看來人家也不是不決斷啊，這不是拒絕的很果斷嗎？」

若秋同意：「也許是我沒給他決定的機會，什麼都得聽我的，他怕衝突才遷就我。其實，他也很有主見，只不過不說而已。」她補充，剛才在角色裡就有這種感覺：「小事我都可以聽你的，但大事你別想強迫我」。

我問她：「你現在感覺怎麼樣？」

若秋不好意思地笑了，說：「我忽然覺得好像虐待了人家很久……我得靜下來好好想想。」

我說：「聽起來你後悔了，你可以為此做些什麼呢？」

她想了想說：「回家請求人家的原諒吧。」然後對我笑笑：「哈哈，還真是不習慣呢。」

已經很值得慶祝了，我說：「聽起來，你回去後會有更好的表達方式；根據過往經驗，他也會一如既往地包容你，你們的關係會進入一個嶄新的階段。」

公主走下神壇

若秋在接下來的諮商中提出了另一個困惑：「我也想做個溫柔的妻子，可是我對他一直頤指氣使、高人一等的，我做得很失敗。」

我欣賞她對自己的覺察，然後問她：「高人一等的感覺怎麼樣？」

她搖搖頭：「有時候覺得很有力量，但是高處不勝寒，會孤獨，也會擔心，有時還有一些恐懼……重點是，這樣的人也不可愛呀。」連她都不喜歡這樣的自己。

我繼續在「高人一等」上做文章，問她：「如果用一個畫面比喻的話，在你心裡你和先生的高低位置長怎樣？落差多大？」

她回答：「我高他低……像樓梯吧，我們的差距大概有兩個臺階那麼高。」

我和她核對變化：「兩個臺階，是說諮商前嗎？現在，下來一點了嗎？」

她看起來有些猶豫：「應該是下來……一個臺階了，我現在能理解他，也感謝他的付出，能看到他這樣的特質為我們的家庭帶來的好處。可是好像……還有什麼東西擋在我們中間？」

我請她慢一點，回憶從什麼時候開始有這種感覺，那時候發生了什麼事？

若秋若有所思地看著我：「好像……從他追求我就開始了吧？我一開始不看好他……不過，更大的影響應該是結婚這件事。」

原來，父母覺得他是大學學歷，沒有女兒的研究所學歷高，家庭條件、自身外在的條件也不是特別好，配不上自己的女兒，但她還是執意嫁給了他。

我問她：「做出這樣的決定，對於當時的你，很辛苦吧？」

她點點頭，說實在不忍心辜負他，但卻辜負了父母的期待，心裡很抱歉，覺得對不起父母。

我直白地問她：「所以，一方面，你在形式上『下嫁』了他；另一方面，在心裡站高了兩個臺階，以示你對父母的『忠誠』？」

若秋不好意思地笑了：「也許吧，可能我覺得嫁給他是給他恩惠，就更有理由要求他、改變他、變成我期待的樣子……潛臺詞好像是：『你可以現在達不到我的要求，將來一定要達到我的要求，達到我父母的要求』。」

我問她：「現在是時候了嗎？『公主』走下『神壇』和自己的『駙馬』平等地站在地面上？中間還有什麼阻礙嗎？」

若秋搖搖頭說：「早就沒有了，後來我父母也接受他了，母親甚至批評過我，說兩個人過日子不能都聽我的。」父親也說過她批評丈夫時，像強勢的媽媽在數落一個犯錯的孩子。

我說：「那就真正地走下臺階，用溫柔澆灌你們的親密關係吧！」

若秋點頭答應：「謝謝您，我決定去嘗試。」

我搖搖頭說：「不是嘗試，是現在就做，去到你的內心，走下臺階，和他並肩站在一起。」

她照我說的做了，長長地鬆了一口氣，眼睛有點濕潤。

該結束了，我問她：「在我們結束之前，你還有什麼想說的嗎？」

若秋說：「我的感覺是，我下一個臺階，就等於他上了一個臺階，也許他有主見、有力量的部分，才能更加充分地展示出來。」

我同意她說的：「是的，這樣你也給了自己一個機會去成為一個溫柔的妻子。」

若秋走後，我很感慨，答應和一個人結婚，只是在形式上接納了他；內心是不是真正的接納，還是需要去覺察的。真正輕鬆愉快的婚姻關係，一定是建立在彼此真正接納的基礎上。

若秋的故事也讓我想起薩提爾模式導師林文采老師強調的親密關係，她說，「尊重永遠在愛之前，尊重永遠在溫暖之前」。

佛洛姆認為，如果愛情沒有尊重，「那責任心就很容易變成控制別人和奴役別人……尊重這個詞的出處，就是有能力實事求是地正視對方和認識他獨有的個性，是要努力地使對方能提升和發展自己」。

案例15

禮物的真正意義是愛

親密關係中，禮物只是一種表達形式，它所表達的內容是愛、在乎、重視，或許還有感謝。

這是一個注重儀式感的年代，以情人節為例，這一天，相愛的人之間一句「我愛你」似乎已經遠遠不夠。不知從什麼時候開始，精心準備的禮物變成定理；這又是一個物質充裕的年代，不僅玫瑰花、賀卡、巧克力已經顯得有些俗套，就連珍珠、鑽石也都不足為奇。於是，因禮物選擇而引發的不愉快，甚至因此鬧翻的例子也很多。

下面就是三個關於禮物的故事。

送禮的故事

第一個故事。

有一對小夫妻，丈夫發現妻子經常用的電腦太舊了，她是老師，經常在家寫東西、處理檔案，需要更方便的工具。於是，先生買了一臺要價不菲的桌上型電腦，先藏在樓下的儲藏室裡。情人節前夜，先生悄悄地從樓下把電腦抱上來，為的是早上妻子能一眼看到禮物，給她一個驚喜。

實際情況是，妻子看到後竟然面無表情地說：「就放在書房吧。」她說她很失望，還有點生氣，因為「電腦是給家裡用的，又不是專門買給我的。」她覺得委屈：「你還不如買一枝玫瑰花給我。」

先生很無語，心想這不是無理取鬧嗎？妻子則耿耿於懷：「你要送，就要送我喜歡的禮物，我要的不是物質，而是精神、情感上的禮物。」

第二個故事。

為了慶祝情人節，丈夫提前預訂了一家高檔餐廳的包廂，並事先安排好一切。

那天晚上，妻子推開門的那一刻完全驚豔了：蠟燭、蛋糕、葡萄美酒、被擺成心形的九十九朵紅玫瑰……「這就是我以前夢想中的燭光晚餐，我覺得好幸福！」

然而，幸福的感覺並沒有維持多久，甚至沒能撐過這一晚。

原來，看到妻子的驚喜和濃濃的情意，丈夫很開心，心想用心總算沒有白費，能讓妻子、女兒這麼開心一切都值了。過沒多久，公司有事找他，他走出房間接了一個很長的電話；回來吃兩口飯，竟拿出手機開始漫不經心地滑臉書動態……

妻子陰沉著臉回到家，安頓好女兒，關上臥室的門，情緒就爆發了：「你花了那麼多錢，費了那麼多工夫，卻忙著打電話、滑臉書，還不如我自己在家簡單地炒兩個菜，你陪我們母女倆好好吃吃飯、聊聊天呢！」

她數落他只會做這些表面文章，根本就沒用心對待她們。他覺得很委屈，「我這次是真的很用心，你還說我不用心，那我也無計可施了。」

第三個故事。

一個女孩子超級喜歡三毛，不管是她的作品還是三毛荷西式的愛情。她曾經對男友說，她很喜歡荷西送三毛的那件結婚禮物。對，就是那副「要多嚇人有多嚇人」的完整駱駝頭骨，那是荷西在沙漠裡快走死、烤死才得來的。還說如果是她收到這樣的禮物，也會和三毛一樣『孩子一般地驚喜』的。

有一年暑假，兩人參加一團非洲之旅。在那裡他們發現了用駱駝頭骨雕琢的工藝品。男友看她喜歡，又想起了她說過的故事，就偷偷地把它買了下來。

到了情人節，他把它拿出來做為禮物送給她。她差點沒氣死：「啊？你拿出半年前買的東西，當我的情人節禮物?!」

男友很詫異，問：「不行嗎？你不是一直都想要這樣的禮物嗎？」

女孩氣到眼淚都下來了：「可是我都看過了！而且還是我們一起旅行時買的！」

至今說起來，她都憤憤不平。

我曾經聽過這樣的話：「平常的日子裡，多做點事、累一點我都不怕，我就怕過節，尤其怕買禮物。花錢、花心思、花時間，買來的卻是爭吵，這是何苦呢？」

那些收到禮物卻失望和傷心的人，理由也很充分：

「買這麼便宜的東西，我就不值得你為我花錢嗎？」

「你是花錢了，可我在乎的是你花心思了嗎？」

「既然是買禮物給我，就要買我喜歡的而不是你喜歡的，不是嗎？」

「你買的東西全家都能用，怎麼能說是買給我的禮物呢？」

「你每年只知道送玫瑰，就不能送點兒別的？」

「送禮物固然好，我更希望你能陪我好好聊聊天，幫我做點家事！」

結果是兩敗俱傷。而且，在情人節這個關於愛與浪漫的節日襯托，社群媒體上各種花式曬幸福、秀恩愛的對比下，這種傷有時甚至會達到刻骨銘心的程度。

同樣禮物，解讀完全不同

我曾問過三個故事中的男方：「情人節送禮是為了什麼？」

答案很一致：「想在這個特別的日子讓她開心，表達我在意她、愛她。」

沒能讓心愛的人滿意，也有很多的原因，比如時間太趕、不知道她喜歡什麼，或者自己根本就不懂送禮等等。

我也曾問過女方：「你不滿意他送的禮物，很難過，原因是什麼？」

答案也很一致：「他連我喜歡什麼都不知道，說明他不在意我、不懂我、不愛我。」

同一個禮物，在送出的一方那裡是愛，到接受的一方這裡是不愛。就像告白說「我愛你」，對方聽到的卻是「我不愛你」，或者是「我不那麼愛你」。

一定是哪裡出錯了吧？

有沒有可能是這樣？送禮方認為，不管我送的禮物是什麼，我想表達的都是我的愛，即「所有的禮物，都代表了我的愛」。

而在受傷的收禮方眼裡，能代表愛的禮物是有條件的，即「只有符合條件的禮物才能代表愛」。條件則因人而異，比如「我喜歡的」、「用心準備的」、「新買的」、「貴重的」、「特別的」、「專屬的」等，否則就是「不愛」或者「不夠愛」。

我再問故事中收禮的女方：「不滿意禮物的情緒背後，你真正想要的是什麼？」得到的回答是：「被愛、被在乎，確信他是愛我的。」

「那麼，拋開這次禮物不談，根據平時的相處，你覺得他愛你嗎？」第一個故事和第三個故事中的女方點點頭：「應該是愛的。」、「我還是相信的，我知道他愛我。」說完這些，能明顯感覺到她們身體的放鬆。

我和她們核對：「也就是，你知道他愛你，但不滿意他送的禮物，因為這個禮物的形式沒能很好地表達愛的本意，是嗎？」她們說，這樣理解的話就沒那麼生氣了，只是還是會有些遺憾。

遺憾無法避免，但瞭解了愛的本意和實質，遺憾就變得更加容易接納。

第二個故事的妻子則說，平時對丈夫的愛就有所懷疑：「那段時間，我倆一直吵架，我原本希望情人節能成為一個轉捩點。」

我問她：「他那麼用心地準備燭光晚餐，目的會不會也是想改善你們的關係呢？」

她點點頭說：「應該是吧？但他一直打電話、滑臉書，搞得我一點感動都沒有了。」

「我聽到的是，你想要『燭光晚餐加專心陪我聊天』，結果因為沒有『專心陪我聊天』，所以『燭光晚餐』也就忽略掉了，哪怕那是你一直夢想的燭光晚餐？」

親密關係中的矛盾，需要經過探索、溝通、解決的流程，不能把關係的改善寄託在一個節日的表現上。

她說，能看到他的努力，也透過這件事覺察到，自己有追求完美、對他過度苛責的毛病。

關於完美，叔本華曾經說過，所有人都發現，想像完美很容易，但問題在於，假設這樣的完美能夠實現。如果套用在情人節的禮物上，如果我們很常因送禮起爭執，那麼是不是可以說，想像浪漫很容易，問題在於，假設這樣的浪漫都能夠實現？

親密關係中，禮物只是一種表達形式，它所表達的內容是愛、在乎、重視，或許還有感謝。禮物的形式，最好能完全表達這樣重要的內容，如果不能，甚至是沒有這樣的形式，那麼，這樣豐富的內容、深厚的情感聯結，也值得珍惜。否則，再華美的形式，沒有情感的流動，也難以體驗到真正的幸福。

諮商師解讀

親密關係中的期待與調整

我們來看看影響親密關係的另一個因素：期待。

期待可以分為以下三種：

對對方的期待

案例十二中，孟瑤期待先生能像陸遷一樣有「觸及精神層面的雅」，而不僅僅是「埋沒於日常生活的俗」；案例十三中，若秋期待先生能改變，能像她一樣，遇事當機立斷，心態更加積極進取、更努力等等。案例十四中，三位收到禮物的女性，期待

對方送的情人節禮物是「我喜歡的、用心準備的、新買的、特別的、專門的」等，尤其第二個故事中妻子期待先生能「陪我們母女倆好好吃吃飯、聊聊天」等。

這些期待沒有得到滿足，心中產生不滿，爭執就產生了；即使孟瑤和先生並沒有明顯的爭執，但這成為導火線之一，為她移情於別人埋下了隱憂。

♥對自己的期待

每個人都會對自己有期待，孟瑤期待自己不要打破現在平靜的生活，期待自己有更多的自由時間，期待工作更有創造性、有價值，期待彌補現實生活的缺憾，特別是期待實現自己未被滿足的夢想。若秋期待自己能夠改變先生，期待自己不辜負「這麼用心待我的人」，期待自己不辜負父母的期待，期待自己也能「做個溫柔的妻子」等等。案例十四中，女方們對自己也是有期待的，如第二個故事中的妻子，她期待自己通過情人節改善兩個人之間的關係等。

這些期待，哪怕自己都沒有意識到，或者是「曾經遺忘的」，都會對自己和關係產生影響。

♥我以為別人對我的期待

如果我們知道別人對自己有期待，或者以為別人對自己有什麼期待，也會對自己產生一系列的影響。如若秋認為，父母期待她嫁給一個更配得上她的人，這造成她不自覺地「在心裡站高了兩個臺階以示對父母的『忠誠』」。

高期待毀掉親密關係

親密關係常常是一種充滿高期待的關係，而且，越是親密的關係，越是容易伴隨著高期待。正如佛洛姆在《愛的藝術》中所說：「幾乎沒有一場冒險像愛情那樣，是以如此巨大的希望和期盼所開始，並以如此的規律性遭到失敗。」

有的是對親密關係本身的期待，以為結了婚或者有一段親密關係，那個人就能夠溫暖自己、為自己遮風擋雨，就可以陪伴自己、讓自己不再孤單無助……關係越親密，越容易期待對方成為理想中那個能滿足自己需求的人，包括物質上、精神上全方位的需求。

還有的是因為性別、角色不同引發的高期待，比如，正像案例十四中，妻子或女友期待先生、男友給自己禮物，而不是相反；若秋有一個期待，期待先生果斷，認為這是男人該有的特質；她也期待自己溫柔，「我也想做個溫柔的妻子」，這也許和她對女性、妻子的認知有關。總之，親密關係中，不管是誰，都難免會有這樣的時候，即強調「男人應該……」、「爸爸應該……」、「丈夫應該……」、「女人應該……」、「妻子應該……」、「媽媽應該……」。

期待讓我們努力達成目標，但也讓我們活得很辛苦，被我們期待的人也會很辛苦。美國心理學家馬斯洛（Abraham Maslow）曾經說過：「符合父母的願望，這種對孩子給予的願望和計畫，就像給他們穿上了一件看不見的緊身衣。」這句話同樣適用於親密關係。

生活正是這樣，高期待會毀掉一段親密關係。國際資深生命教練克里斯多福．孟（Christopher Moon）說：「期待是通往地獄之路，因為期待會把接受和自由等充滿愛意的感覺擋在門外。」

首先，對期待的人來說，期待如果得不到滿足，常常會帶來失望和憤恨，正像一個著名的公式：期待是憤恨的前身，即期待最終會轉化成憤恨。憤恨是悲苦、不滿足和失去信任感的組合。若秋「從來都沒有滿意過……我原來對他是生氣，但天真地認為他會改變，現在我很失望。從結婚那年開始，我一直努力讓他改變，二十年了他還是老樣子，我都有點絕望了……」她覺得很辛苦、很生氣、很累。

孟瑤看起來對老公沒有特別的期待，實際上她很求完美，才會有關於「靈魂伴侶」的困惑。

案例十四中的三位女性，各有各的傷心和失望，各有各的憤憤不平和耿耿於懷。這讓她們感覺不到來自男方的愛。

對自己的高期待得不到滿足，也會帶來同樣結果，只是不滿和憤恨是指向自己的。

其次，對被期待的人來講，他們像是穿上了一件看不見的緊身衣，感到壓抑、被控制、不自由。正像若秋的「老公」所說：「唉！真的很難，你天天要我改這、要我改那，我其實很煩……我有時覺得壓抑、不自由，很抗拒……」

案例十四中的男性也很「無語」、「委屈」、「詫異」，感覺「無計可施」……

這無疑會拉開兩個人心中的距離。很多親密關係就是這樣漸行漸遠的。

薩提爾模式處理期待的方式

薩提爾模式認為：我的期待是我的，我需要為自己的期待負責；別人就算是最親密的人，也沒有義務滿足我的期待，他可以有自己的期待。

薩提爾模式對於「未滿足期待」的處理方式，主要有以下五種：

♥ 整合資源滿足期待

如果是對自己的期待，就更加相信自己，調整自己的觀念，落實更加積極的行動，直到期待達成。如孟瑤努力去滿足或部分滿足自己對寫作和自由的期待，「自己的夢還是自己圓吧」。那些對對方的期待，也可以通過更好的溝通，直接表達期待，讓對方更加瞭解這個期待對你的意義和重要性，從而更加重視、更願意滿足你的期待。例如關於情人節想要收到什麼禮物，表達得越直接、越具體，越容易得到滿足。

♥尋找並滿足可以替代的期待

對於一些過去或現在很難滿足的期待，可以覺察這些期待，看看是否可以找到新的、更恰當的期待或目標來替代。如孟瑤一方面要「增加和老公溝通交流的時間，增加屬於我們的浪漫和高雅的時間」；另一方面，「自己做自己的靈魂伴侶」，就是對原本的期待（有個靈魂伴侶）的替代性滿足。

♥保有期待，探索代價

如果不願意放下期待，一時也找不出滿足期待的其他方法，可以尊重現在的選擇，探索並弄清為此需要付出的代價。若秋如果一時還不能放下「改造」丈夫的期待，非要丈夫變成她期待的樣子，她就需要清楚這樣做的代價——她會對丈夫生氣、失望，會很累、很辛苦，丈夫內心也會很難受和抗拒，這些對關係都會產生影響。明白這些代價，還想滿足期待，就變成了主動的選擇，選擇了一條困難的路。

放下或降低期待

即放下或降低某些不合理、不切實際的期待。在親密關係中，總有一些對自己或對方的期待是不容易實現的，有的期待太高，或者不切實際、不合理、不可能，那就要考慮是不是放下或者降低。如若秋最後放下了讓丈夫「和我一樣」的期待。

越是親密的關係，越是容易滿懷期待，沒有期待的親密關係是難以存在的，正因如此，放下期待、降低期待都會不可避免地引發失落和無奈，因為這可能意味著，期待了很久的東西再也沒有實現的可能，或至少不能以期待的方式實現。我們可以不喜歡放下或降低的感覺，但可以接納，接納並承擔這種承認現實的痛苦，反而會增加一個人的力量和勇氣。

進入渴望層面，通過滿足渴望而放下期待

在薩提爾模式裡，「渴望」是一種比較深入的體驗，指每個人對於被接納、認可、肯定、欣賞、讚美、愛、重視、安全、自由等的需求。這些渴望是人類共有的，

也是人與人之間能夠真正理解、深深聯結的最重要部分。

比如，情人節禮物從根本上是為了滿足被愛、被重視的渴望，那麼，如果故事中的女性們能夠進入渴望層面，體驗到、確信自己是被愛的，在日常生活中有這樣的情感聯結，那麼，情人節禮物就變得沒有那麼重要，就可以放下了。

做為成年人，並不是所有的渴望都需要通過外人（如親密關係中的對方）來滿足，自己需要成為滿足自己渴望的那個最重要的人。既可以在行為層面外在地滿足自己的期待，如給自己買個喜歡的禮物，又可以在內心層面愛、在乎、認可、重視、相信自己等，先做到滿足渴望上的「自給自足」。就像薩提爾模式導師瑪莉亞・葛莫利曾對一個渴望親密關係的女士所說的：「先愛自己，讓自己發光，只有如此，你才有可能得到真愛。」

親密關係中的差異問題

和「期待」相關的另一個重點是親密關係中的差異問題。這在若秋和她丈夫的身上表現得非常明顯，若秋提出的對比就是這種差異的具體體現。親密關係中的爭執，大部分說到底是差異問題，這些差異主要包括：

先天氣質差異

每個人與生俱來有著不同的氣質類型，如樂天型、憂鬱型、激進型、冷靜型、討好型等，成為一個人的特質和生命底色，沒有好壞與對錯。就像若秋和她丈夫就屬於不同的氣質類型，只根據她的描述，若秋樂天、激進的成分多一些，她的丈夫則冷靜、討好的成分多一些。

性別差異

由於生理差異和社會文化等因素的影響，男女之間也會存在很多不同，一方面會表現在心理和情緒上，他們在人生方向、興趣愛好、自我身份的基礎、對改變的反應、人格特質等方面都有所不同；另一方面表現在生理和性等，也有很大的區別。這在日常生活中會明顯地呈現出來，差異之大被美國兩性研究專家約翰·葛瑞博士

（John Gray）形象地比喻成「男人來自火星，女人來自金星」。

♥原生家庭差異

原生家庭指每個人出生並成長於其中的家庭，會潛移默化地形成很大的差異，如生活習慣、價值觀念、溝通姿態，包括經常體驗到的情緒，或對情緒的處理方式等都會不同，這些不同放在日常生活中，可能就成了衝突的來源。若秋和丈夫的不同，除了先天氣質不同，原生家庭的不同，也是一個值得關注的重點。

♥愛的語言差異

愛的語言，又稱愛之語，指的是對人表達愛與關懷的方式。美國婚姻治療師蓋瑞．巧門（Gary Chapman）認為人們表達愛的方式，主要有以下五種：

- **肯定的言辭**。通過言辭上的肯定、讚美和認同表達自己的欣賞和感謝，表達對方給你帶來的正向感受及其重要性。

- **高品質的時間**。即花費時間專心陪伴，共同擁有高品質的相處時間。如孟瑤需要更多精神層面的交流，兩人間的浪漫和文藝時間是她特別在乎的。
- **適合的禮物**。贈送禮物給對方，花費心思挑選適合對方的或者對方喜歡的禮物。案例十四中，對收禮方來說，合適的禮物是她們的「愛之語」。
- **服務的行動**。以實際行動照顧對方、為對方服務、幫對方做事、處理問題，如做家事、修理家中東西等。若秋丈夫的「愛之語」就是服務的行動，他「講究生活品質，負責所有的採購、家務」，還是若秋和女兒的專屬司機。
- **身體的接觸**。即擁抱、撫摸對方，有親密的身體接觸。

一個人擁有的愛之語不止一種，自己認為重要、習慣和喜歡的愛之語，往往和對方並不一致。如案例十四中的先生，也許認為妻子喜歡的「愛之語」是合適的禮物，如燭光晚餐，他不知道妻子更看重的「愛之語」是高品質的時間，「陪她們母女倆好好吃個飯、聊聊天」更好。

處理差異的方式

親密關係裡的重要議題是處理這些差異。通常，人們會用衝突、逃避或忍受的方式來處理差異。薩提爾女士說，「人們因為相同而聯結，因為不同而成長」。妥善處理這些差異可以使雙方在親密關係中成長。具體來說：

- **要奉行「尊重差異」的原則**。尊重永遠在愛之前，永遠在溫暖之前。
- **要努力承認和接納這種差異**。可以不喜歡，但是接納。如若秋可以不喜歡丈夫和她不同，但是尊重和接納他就是這樣的人。
- **要傾聽彼此的感受，聯結彼此的渴望**。即瞭解對方的感受——特別是脆弱，分享脆弱會使關係更加親密；聯結渴望是指「我到底想要什麼？他到底想要什麼？我們如何超越這些不同，去滿足自己也滿足對方的需求？」如案例十四中，女方真正需要的是被愛、被重視，如果她們自己能覺察到這一點，因禮物引發的不滿就會減少很多；如果伴侶覺察到這一點，做出適切的表達，比如「儘管這不是你喜歡的禮物，但我真正想表達的是我愛你、你對我很重要」，結果也會不同。

- **兩人要有共同的活動**。親密關係中需要有你有我，有「我們」，兩個人可以一起做一些活動，比如若秋喜歡往外跑，丈夫喜歡待在家裡，可不可以商量好，這一次若秋陪丈夫在家放鬆，下一次丈夫陪若秋爬山等。
- **瞭解彼此愛的語言**。盡可能用對方的「愛之語」表達對他的愛，如果不能，也要告訴對方，這只是「愛之語」不同，表達的方式不同，但表達的內容都是愛。

透過以上方式，差異就會成為每個人的資源，兩個人都會因此變得更加包容和成熟，視野更開闊，生活也更豐富。

第五章

親密關係
才是家庭主角

案例16

和父母既親密又有界限

和雙方的父母，既以情相繫，在一起的時候全心全意，又有一定的界限，彼此都有獨立的空間和自由。

在父母和妻子之間做選擇

夢琳找到我的時候，說先生清州搬到辦公室去住已經有半個月的時間了，期間Line、電話上態度也不好，擺出一副寧願離婚也不屈服的架勢來。如果是因為他的父母而離婚，夢琳真的心有不甘，畢竟，他們倆從自由戀愛到現在也一起十幾年了，雖然少不了吵吵鬧鬧，但是不曾有過大的爭執。少有的幾次吵架「都和他的父母有關」，沒想到這一次，「在父母和我之間，他竟然要放棄我」！

一個月前，清州得知他們社區裡有間二十五坪左右的房子在出售，便和她商量，想買下來讓父母和弟弟住。說妹妹已經成家，弟弟將來畢業了在城裡也好有個落腳點，重要的是爸爸身體不好，媽媽一個人照顧不過來，搬過來也好照顧他們。

夢琳知道，因為都更，公公婆婆手裡有些錢，買房基本不用他們自己出錢，經濟上的壓力不大。但說起公公婆婆的事情，夢琳還是一如既往地小心。

關於照顧公公，夢琳說：「不是還有妹妹幫忙嗎？她婆家離得近，倒也方便；再說，爸媽他們也未必願意來住吧？」不想這竟惹惱了先生，說就知道她不會同意，自私、嫌棄他們家，覺得他的父母是個累贅……一堆難聽話都來了。

這些話激怒了夢琳，她的脾氣也上來了：「我就是不同意他們過來住，不行嗎？你心裡只有你的父母，你乾脆跟他們住好了！」

先生不再說話，收拾東西住到了辦公室。

他們以前也吵過架，不管誰先讓步很快就和好了，看來這次不同，他藉口工作忙不接電話，訊息也回的敷衍，一副堅持到底的樣子。

想到住在一起就有壓力

我問她：「夢琳，你說這些的時候心裡的感受是怎樣的？」

「非常難受，覺得很委屈、有怨恨、有憤怒……主要是對清州的，也有一部分是對公婆——特別是婆婆的……」眼淚開始不停地往下流，一些陳年往事變得歷歷在目：「和他們相處的六年，讓我餘悸猶存，想到住在一起我就有壓力。」

八年前女兒出生，公公婆婆從老家搬來幫著照看孩子，夢琳為此很感謝他們，畢竟由他們照看自己的女兒很放心，白天家裡從此有人了心裡也安心許多。

但是，在生活的柴米油鹽交響曲中，很多的不愉快還是不可避免地出現。比如，婆婆過分插手孩子的事情，態度強硬，以養過三個孩子「我吃過的鹽比你吃過的米還多」為由，什麼都要聽她的，而且你連句提醒都說不得。

有一次孩子咳嗽，婆婆自作主張餵給孩子成人吃剩的消炎藥；更讓夢琳感到驚恐的是，在一天的時間裡，三種成藥一共餵了六次之多！

夢琳嚇壞了，她擔心女兒，對婆婆這樣的做法很不滿，說話的口氣自然有點硬：「她還小，您以後不能這樣餵藥。」怕自己接下來說出什麼難聽話，她抱著孩子回到自己的房間，關門的聲音有點大。

第二天早起她才知道，婆婆受不了她的「惡劣」態度，一早坐車回老家了，不再幫她顧孩子。夢琳很驚訝，她不能理解。

但更不能理解的還在後頭，婆婆回老家後竟然不吃不喝要死要活，周圍的親戚鄰居還以為她這個都市媳婦讓她受了多大的委屈……

三天的時間過去，先生試探著問：「我等下打電話回去，你要不要跟媽道個歉，給她個臺階下？」

夢琳看不出來還有別的選擇，還是要顧全大局吧。她跟婆婆道了歉，說自己態度不好，以後多注意，還是希望她能來，孩子需要她照看。事情這才平息下來，兩天後先生開車接婆婆回來，生活繼續往前。

這樣的事情不止一件，不管怎樣最後總算都過去了。

兩年前孩子到了上小學的年齡，學校就在家的隔壁，等孩子稍微適應了學校生活，公公婆婆就回老家住了。

沒想到也就一年之後，公公得了腦中風，加上年齡大了，復健了一段時間還是行動不便，主要照顧者是婆婆。他們一家三口，每隔一段時間回去看看，遇到連假節慶就待久一點，還算相安無事。

但是現在，先生要把房子買在一起。「想到住在一起就有壓力。」夢琳說，「我得承認，我害怕婆婆，希望儘量躲著她，盡可能少打交道。」

我示意夢琳停下來，和心裡的感受在一起：「委屈，傷心，難過，生氣，害怕……」眼淚在夢琳眼裡打轉。

「在這裡多待一會兒，給自己多一點畫面，多一些理解、安慰，甚至可以擁抱自己。」我提醒她。正如心理學家維瑞娜・卡斯特（Verena Kast）所言：「處理各種情緒所遵循的基本規律是，人必須完全沉浸到一種情緒中，這樣事情就會有所改變。」

夢琳待在自己的體驗裡，不間斷地長吐氣，良久，她慢慢地抬起頭，輕輕說：「感覺好多了。」

我提醒她，以後遇見什麼情緒「光臨」，也這樣去處理，呼吸，回到自己的中心，陪伴自己穿越那份脆弱。呼吸和放鬆可以增加我們的力量。

她點點頭，想了想，說：「其實我是有支持的，先生知道他媽媽的脾氣差，我公公也知道，都多少表達過對我的理解。」公公曾經特地找她談，婆婆脾氣不好，希望她多擔待；先生甚至對她能顧全大局表達過感謝。就以婆婆回老家的那次事件來說，先生說，以媽媽的脾氣，如果她不道歉，他真的不知道該怎麼收場。

「所以，他知道你的付出，並因此而欣賞你、感謝你……這樣說的時候，你感覺怎麼樣？」

「就是受點委屈，我還是可以顧全大局的。」夢琳還說，他家裡的一些關鍵時刻，比如先生的奶奶去世時，她如何和先生一起忙前忙後；先生妹妹的孩子眼睛有問題，她如何幫忙聯繫醫院、和醫生溝通……「不管他怎麼說，我確信，我對這個大家庭是有貢獻的。」

我用肯定和欣賞的口氣邀請她：「就在此時此刻去體會這句話，給自己送上一份欣賞，儘管你也許不習慣這樣。」

夢琳閉上眼睛，跟自己待了一會兒，把右手放在自己的心口，緩緩而有力地點點頭：「身上有一種發熱的感覺，覺得自己很有力量。」

我是嫁給了他，還是嫁給了他們家？

「你不止一次說起你的委屈，體會一下它想為你要求什麼呢？」我問夢琳。

夢琳想了想，緩緩地說：「理解吧？我需要先生多理解我，理解我的為人，也要理解我的忍耐是有限度的。」說到這裡她有些傷心，說先生的內心裡好像有一個引爆鈕，只要你一說他們家誰哪裡不好，他馬上就會跳起來。

清州出生在郊區的一個小村子，他們家的第一個特點是窮，窮到連飯都不夠吃。他常常回憶起，小時候用油炒鹹菜他都覺得是美味佳餚，每次去鄰居家吃頓喜宴都覺得幸福無比。

第二個特點是家人都自尊心強、比較敏感。在先生的記憶裡，爸爸媽媽總是覺得，村裡人有意欺負他們，從小教導孩子們要爭口氣，別讓外人瞧不起我們家。

第三個特點是感情深厚。也許是革命情感的緣故吧，他們家人之間好像有著濃得化不開的親情。即使他和妹妹都各自成家這麼多年了，家裡任何人的任何事，似乎都會成為大家共同的事情，誰都要問，誰都要出意見、給建議等。先生也總是時常掛在嘴上，爸爸怎麼了、媽媽怎麼了、妹妹怎麼了、弟弟怎麼了……公婆在這裡住的時候，先生天天要抽出時間單獨和父母待一會兒，聊聊天；公婆回老家以後，他幾乎每天一通電話，週週開車回家……親戚鄰居都誇他是孝子。

說完這些，夢琳停頓了一下，重重地嘆口氣說：「唉！可是您知道嗎？做為大孝子的妻子要付出多少代價？您說，我究竟是嫁給了他，還是嫁給了他們家？」

我放慢了語速，肯定地看著她說：「我聽到的是，他能為父母為家庭付出這麼多，是由於你背後的大力支持，這從另一個角度表示，你對這個大家庭是有貢獻的，去認可自己這一點……」

她點點頭說：「是，我允許他這樣做，其實是讓自己承擔了更多我們小家庭的責任，我做到了。」

我再一次肯定她：「是的，你做到了！你支持了先生，承擔了很多，這很不容易，你可以為自己按讚嗎？」

停頓兩秒鐘，我問她，對她來說，嫁給他和嫁給他們家的區別在哪裡？

夢琳想了想說，在她成長的經歷中，父母有意無意給她灌輸的觀念是，「婚姻幸不幸福取決於你看中的是誰」、「你是和他過日子，又不是和他父母過日子」，所以當初並沒有考量到他的家庭，可是現在發現他的家庭卻是她繞不開的問題。

我同意：「聽起來你需要加一些東西進來，他和他背後的家庭，可能和你與父母的家庭不一樣。」

夢琳說：「很不一樣。」

她想了想，拿起一支鋼筆在一張A4紙上畫了五個人，代表公公婆婆、先生和他的弟弟妹妹，她說，她覺得清州理想的家庭畫面是，結婚後把她也拉進去，變成第六個人，也許他還希望把他的妹夫及其兩個孩子也一起拉進去。

我請她在畫面上加上他們。然後問她：「你理想的家庭畫面是怎樣的呢？」

夢琳在另一張A4紙上畫了離得很遠的兩個圈，一個圈稍大，裡面是公公婆婆和清州的弟弟，另一個圈稍小，裡面是清州、她和女兒。然後她補充說，結婚後，她和自己父母的關係才不像他們這麼緊密。

我請夢琳慢下來：「好好看看這兩張畫，你的感覺怎麼樣？」

夢琳看著先生的那張，先是放在眼前，又放在遠一點的地方，看了一會兒，嘆氣說：「擁擠、委曲、不自由……」然後再看著自己的這張：「好像……也不太對……好像他們與我們無關似的，我也不想這樣。」

然後，她移動了自己一家三口的那個圈，拉近了兩個圈之間的距離，端詳了一會，覺得改過後比較合適。

我倆和孩子才是一家

我問夢琳：「你和先生核對過嗎？這是他理想的畫面，還是你以為這是他的理想畫面？」

夢琳繼續看著先生的那幅畫說：「沒有核對過……可能這也不是他想要的……他

應該也是更願意有我們自己的家。」

她想起來先生對他們這個小家的依戀和保護，不止一次說過，無論多好的飯店，都不像在自己家的床上睡得踏實……包括每次從父母那裡回來，他也說：「不如在家裡睡得好。」可見，「他的家」、「他的床」也應該是指他們一家三口這裡。

我問她，這樣說的時候感覺怎麼樣？她說踏實、放鬆一些了。

她試著重新畫了先生的理想畫面：也是兩個圈，一個圈裡是他的父母親和弟弟妹妹，另一個圈裡是他、夢琳和女兒，只是兩個圈的距離比她自己調整後的還要近。

看著調整後的兩張「理想的家庭」圖畫，夢琳長長地呼出一口氣：「我還是看到了希望，原來我們的兩幅畫差別並沒有我想像的那麼大，只不過他的距離近一點，我的遠一點。」

我也想把我之前聽到的用畫面呈現出來，她之前敘述的時候，我感覺一個圈裡是她先生和他的原生家庭在一起，另一個圈裡是她和孩子在一起，「我不止一次聽你說『他們家』、『他們家』，『他們家』包括了他嗎？」。

夢琳點點頭：「應該是吧。」然後她告訴我：「他最討厭我說這三個字，他會反過來嗆我：『還你們家呢！』」

說完，夢琳沉默了半天。然後，她感嘆說：「我們家、他們家，我倆和孩子才是一家呀！」

她說回去要和先生好好談談，決不能輕易拆散自己的小家庭。她跟我回顧了相識十幾年來，她和清州之間的經歷，彼此默契，相互支援，「我們似乎已經長成了對方身上不可分割的一部分」。

我停頓了幾秒鐘，讓夢琳帶著這樣的聯結感回去和清州溝通，也帶著這樣的聯結感去看原本的買房問題。

有距離，又以情相繫

再來的時候，夢琳說關係緩和一些了。我試探著問她：「我可以這樣理解嗎？你有可能同意把房子買在一起？」

夢琳點點頭，似乎有些不確定地看著我說：「我現在想的，不是『同不同意』買在一起的問題，而是『怎麼』買在一起的問題。」

我贊同她的想法，**很多事情並不是我們原以為的只有「是非」兩種選擇，加上「怎麼」，就有了更多的餘地。**

夢琳正在考慮的是，怎麼樣既不要因為此事把家庭拆散了，又不會像以前住在一起時委曲求全。

她說：「我希望的是……我們的小家、他父母的家、我父母的家，有距離，又以情相繫，就像用一條線連接起兩個圈。可能先生的那條線會比我的粗一些、短一些。」距離太遠她心裡也不舒服：「畢竟她是我先生的母親，是女兒的奶奶，女兒和奶奶感情也挺好的，何況她幫我帶孩子也是付出很多。」

她說婆婆就是脾氣差、氣量小，其實特別愛逞強，也很善良，就像這兩年她一個人照顧公公，不喊苦不喊累……她甚至感覺，公公婆婆即使過來住，也不會要求她去照顧公公。

關於她和清州理想家庭畫面的差異，我問夢琳：「你倆的畫面不一樣，可以嗎？比如，清州要求你和他父母之間的線，和他的一樣粗、一樣長嗎？反過來呢？」

夢琳很快地搖搖頭：「他沒有。他說過，父母養大他們三個孩子太不容易了，家裡負擔重，他當老大的多做一些才心安。在這個方面，他並不要求我也一樣……我也不要求他和我一樣。」她和自己父母的關係沒有這麼緊密，清州也沒說過什麼。和父母的關係多近多遠才感到舒適，每個人都是不同的，即使是夫妻，也要彼此尊重。

夢琳說，當年認識他的時候，就是看中了他這一點：人好、孝順、顧家。她補充，他對他們小家庭的大大小小事情也很重視。

我問她：「這樣說來，你還需要什麼嗎？」

她想了想，說：「我想有一點空間，多一些自由。」

我問她：「如果把房子買一起，你可以做什麼給自己一些空間和自由？」

她想起來了，其實，過去一起住的時候，也積累了一些經驗：「比如專心和孩子在一起的時候；自己關起門做點什麼的時候；公公婆婆出門散步、買菜的時候……」這次儘管是把房子買在同個社區，但畢竟不在同一個屋簷下；女兒大一些了，必須一起做的事情也不像以前那麼多了……這些都會比以前好很多。應該是可以的。

我跟她分享了薩提爾模式導師瑪莉亞・葛莫利的例子，二〇二〇年五月她度過了自己的一〇〇歲生日，還堅持單獨住，只要求她的兒子節慶假日來看她的時候，一定要全心全意地陪她。

夢琳說：「這也正是我想要的，和雙方的父母，既以情相繫，在一起的時候全心全意，又有一定的界限，彼此都有獨立的空間和自由。」

她再次拿出之前畫的兩張關係圖，肯定地點點頭，說知道該怎麼辦了。

我們總是說，婆媳關係難經營，難就難在這個界限的拿捏。太近了可能會糾纏不清，帶來矛盾；太遠了情感會疏離，也會帶來傷害。其實，不只是婆媳，和我們親近的任何人包括父母、配偶、子女都是如此。我們既以情相繫，同時又保有界限，彼此獨立，在動態的平衡中共舞，才能讓生活既有溫度，又不失自由。

案例17

婚姻幸福孩子才幸福

在家庭裡，人是最重要的，關係是最重要的。人和關係比對錯更重要、比輸贏更重要、比說了什麼和做了什麼更重要。

我不是一個人在戰鬥

亦芳預約諮商時說，兒子國一了，在家不說話，甚至不願意和父母同桌吃飯。在學校不和同學老師交流，最近開始動輒不上學，在家也不出門，關在屋子裡上網、睡覺。想讓他來做諮商，好說歹說，回答只有兩個字「不去」；再說，就連這兩個字也沒有了。他和丈夫趙威都想知道，孩子為什麼會這樣，接下來他們該怎麼辦才好。

一前一後來到諮商室，我們打過招呼，趙威和亦芳下意識地把我放好的椅子向兩側拉開一些，和我坐成一個較扁的等腰三角形：他們「兩個點」之間的連線是較長的底邊，他們個別和我之間的連線組成較短的「腰」。

我們先就諮商的一些設定達成共識，好讓他們安定、踏實一點。在進入正題前，我提醒他們留意我們之間的距離，希望他們彼此靠近一些，我和他倆對話會更方便。

我半開玩笑地說：「你們是一起來解決孩子問題的，我需要找到『你們一起』的感覺，儘管我還不清楚孩子內心發生了什麼，但我知道的是，在這個問題上你們是『夥伴』。」

沒想到，我的話音剛落，亦芳的臉色就變了，顯然是我的話觸動甚至刺痛了她的某根神經。儘管她機械地把椅子向趙威靠了靠，但她低下頭，身體也往後靠緊了椅背，像是突然泄了氣的皮球，頹喪地癱坐在椅子上。

我輕聲問她：「亦芳，發生什麼事了？」

亦芳顯得很難過，說：「您說我們應該一起的時候，我忍不住一陣心酸，突然感到絕望，心想完了。」

「『完了』，是指什麼？」我問她。

亦芳長嘆一聲說：「唉！在現實生活中我們根本不是夥伴，所以，我擔心也解決不了孩子的問題。」

說起來，他們夫妻內心的疏遠也已經好幾年了。在亦芳看來，他倆的婚姻名存實亡，平時各忙各的、分工明確，不到逼不得已兩人不說話；即使是說話，能用一句話說完的絕不說兩句。

亦芳說：「在我們家，我們和孩子的關係都是真實的，但我們之間……只是名義上的夫妻吧。」

她說會一起來這裡，更多的是「各自」都想為了孩子好，但他們卻難以成為真正的「夥伴」。

我拿出一張A4紙，在上面畫了一個類似我們三人位置平面圖的等腰三角形，問他們：「也就是說，這也代表了你們一家三口平時的關係，你倆分別離孩子很近，彼此卻離得很遠，是嗎？」

趙威看著我畫的那個扁扁的等腰三角形，若有所思地點點頭，唉聲嘆氣地說：

「唉！差不多是這樣吧。」

亦芳看了我畫的三角形，情緒明顯又激動起來：「我覺得，我們之間的那條線是不存在的，我們家的關係是一個倒過來的扁V字。」

我用紅筆在他倆之間的關係線上畫了兩條短分隔號，表示關係斷開。又在旁邊新畫了她說的「︿」，亦芳看了，一直強忍著的眼淚終於止不住滑落下來。

我鼓勵這種眼淚，輕輕地說：「不要去阻止，讓眼淚流出來，也許你已經憋了很久了，在這裡，眼淚是受歡迎的，它不會傷到任何人……」

過了好一會兒，亦芳開始訴說，那麼多的期待，那麼多的失望和不滿，對兒子的、對丈夫的、對自己的……。如果兒子的狀況惡化下去，她真的不知道還能依靠什麼繼續活下去……

趙威受不了了，眼眶也紅了。他低頭撫磨雙手，對我說：「其實我對她，不像她說的那樣，把她當空氣，無視她的存在……」

我示意趙威暫停，請他轉過身去，面對面跟亦芳說這些。

也許是因為我在場，也許真的是兩個人疏遠太久，趙威顯然很不習慣這樣，但還是勉強做了。他挪動椅子，對亦芳說：「你也……別太難過了……我不是無視你的存在……我是怕把關係搞得更糟，不知道該怎麼做才什麼都不說的。」

慢慢地，亦芳恢復了平靜，用面紙擦乾了眼淚和鼻涕，輕輕地嘆了一口氣，看著我不說話。

我提醒亦芳：「我看到的是，你們可能在某些方面有待處理的課題，但在孩子的問題上，的確是懷著共同的願望：你們都希望孩子好起來。」我強調，兩個人都願意為了同一個目標付出各自的努力，這就是「夥伴」。至少，此時此刻在這件事上，他們是夥伴。

我也相信，曾經他們不止一次地是彼此可靠的夥伴。我邀請他們回顧，從相愛到現在，那些結成「夥伴」的感覺都是在什麼時候、什麼情況下出現的。

他們一點一滴地回憶起來了，當初衝破亦芳父母的反對而戀愛、結婚，從懷孕到孩子出生之初的那段時間，從孩子奶奶住院到去世……。我想起不知是誰說過的話：要強化團體凝聚力的最好方法，就是一起做一件重要的事情、有一個共同的目標。這對婚姻顯然也是適用的，對他們來講，顯然現在就是很好的機會。

我請他們閉上眼睛進入內在：「去體驗這一點，也可以說些類似的話給自己聽：在重大的問題面前我並不孤獨，我不是一個人在戰鬥。」

亦芳自言自語，然後重複著那句話：「我並不孤獨，我不是一個人在戰鬥……我並不孤獨，我不是一個人在戰鬥……」最後還加了一句：「我從來就不是一個人在戰鬥。」說完，她在椅子上挺直了身子，用力地吐出一口氣，好像很久沒有這樣順暢地呼吸過了。

我問她：「有什麼感覺嗎？」

亦芳點點頭：「感覺有一些暖意進來……的確，重要關頭時，我倆都是一起面對的。」

我問她：「可以親口告訴趙威這一點嗎？」

顯然亦芳也不習慣或者不情願，但停了一會兒轉向趙威後，她表達得很順暢：「我總以為已經對你不期不待了，其實真正有困難的時候，你還是我心裡最後的依靠……」她又開始哽咽，說不下去了。

趙威很感動，拉椅子湊近了妻子，說：「孩子長這麼大，你當媽媽的付出的比我多；還有，媽媽生病住院、後來去世，多虧有你陪著我，要不然我真不知道能不能挺過來……」

我趁機推一把：「可不可以直接告訴她，你對她的心意。」

趙威試了試才說：「亦芳，我很感謝你，為我、為孩子、為我們家做了這麼多，我也……愛你。」

形式上的「完整婚姻」

他們想瞭解孩子內心到底在想什麼，我們就來嘗試瞭解一下。我把之前畫的、代表他們一家關係的「ㄑ」拿給他們看，請他們想像，站在兒子的那個「點」上，可能會是什麼樣的感受。

為了更成功地體驗孩子的內心，我利用現場的物件，起身多出一把空椅子，代表「兒子」，和他們組成一家三口，請他們根據回憶，用身體的姿勢呈現出他們之間關係變化的不同階段，在每一個階段，找到一些體驗之後，我會扮演他們夫妻中的一個，他或她則來到代表『孩子』的椅子這裡，體驗孩子的內心可能發生了什麼。

第一階段，從結婚到孩子剛出生的那段時間，兩個人關係融洽。我請他們面對面站立，目光溫和地看著對方，伸出雙手剛好能夠接觸到對方。在這一階段，在「孩子」的位置上體驗到的是「幸福」，「他」願意主動跑過去和父母圍在一起，成為一個小圓圈。

第二階段，兩人拉開一些距離，亦芳開始指責趙威：「你應該……你不應該……你怎麼能……」趙威以短暫的超理智回應：「做人就應該……」亦芳更加指責，趙威也變成指責。他們一隻手叉腰，另一隻手用食指指出去，表達內心的憤怒。

我問他們：「你們這樣的時候，孩子在哪兒？」

亦芳突然才醒悟：「我在生趙威的氣，根本顧不到孩子。」趙威也有同樣的感覺：「可能偶爾會看孩了一眼，但更多的是在自己生氣的情緒裡。」

我問：「現在，如果把孩子考慮進來，他會在哪個位置？離誰更近？他心裡的感覺如何？」

亦芳走到「兒子」的位置，邊想邊說，剛開始，他會離媽媽近一點，討好媽媽，不太敢指責爸爸，但內心會；後來兩個大人相互指責的時候，他有點不知所措，慢慢地後退，想轉身。但一邊後退，一邊時不時地回望，內心恐懼、孤獨、無助。

趙威走過去，看著「父母」彼此指責，體驗到的是：「非常煩，我好希望找個地方躲起來，這樣就看不見、聽不見他們爭吵了。」

徵得他的同意，我將一條披肩蓋在「兒子」頭上，他在披肩下面待了很久，才說：「好想幫自己建一個厚厚的、硬硬的殼，用來保護自己，好像待在裡面會安全一些。」

亦芳哭了：「我兒子真的好像有一層殼，誰都走不進他的內心。」

她說，兒子獨來獨往，在家這樣，在學校也這樣。

我說：「聽起來，後來你們有了改變，開始關注到孩子了？」

他們同意，說孩子從幼稚園的時候就有不合群的徵兆，剛開始時，夫妻倆相互抱怨。亦芳怪趙威這個當爸爸的跟孩子的相處時間太少，造成孩子膽小；趙威指責亦芳不夠耐心，沒有教會孩子怎樣與人相處……總之，雙方都認為「孩子今天這樣子都是你造成的」。但畢竟吵也沒用，漸漸地對彼此失望，開始把注意力放到孩子身上。

這一階段，用身體姿態演示的話，夫妻離得很遠，甚至有種背對對方、互不理會的感覺，但都身體前傾，一隻手用力地伸向兒子，關心、關愛裡夾雜著討好的成分。

亦芳對先生充滿了失望，甚至連改變他的希望也放棄了。她在心裡對自己說：「就當我『借精生子』吧，只要他也對我兒子好，我就可以不和他離婚。」

趙威的父親去世得早，從小受夠了沒有父親陪伴的痛苦，他不能再讓自己的兒子重蹈覆轍，這也是他願意來諮商的原因。「為了讓兒子好起來，我做什麼都可以。」

我重複了他的這句話，趁機問他：「也包括改善你們的婚姻嗎？如果這樣兒子才可以好起來呢？」

他先是愣住，然後很堅決地點頭：「那當然。」說完，他抓抓頭有點不好意思地笑了，說：「如果這樣也算意外的收穫，一箭雙雕呢。」

體驗繼續，孩子在和父母這樣的「ㄑ」關係裡，感受到了什麼呢？

亦芳坐在「兒子」的位置上，感到爸爸媽媽都在拚命地從自己的那一邊拉他，他心裡很矛盾，他想和爸爸、媽媽親近，但又特別害怕跟其中任何一個親近都會惹怒或者傷害到另一方。所以，他只想拚命往外逃，逃得遠遠的，但又捨不得。

亦芳受不了，放聲哭了出來……

等到亦芳稍微平靜一些，趙威走過去，坐到代表「兒子」的那把椅子上，呆呆地坐了好一會兒，嘆氣說：「唉，感覺逃也沒用，而且，如果我不在，家可能就沒了。」他沒有辦法，只能表面「在」，實際上躲在自己的世界裡。

我們三個都感嘆不已，原以為，哪怕在婚姻裡待得很不舒服、寧願自己做出犧牲，也要讓孩子有個完整的家，卻沒有想過，這種表面維繫婚姻的方式，卻把孩子置於如此艱難的處境。

我想起某位心理學家的排序，說從父母關係對孩子影響的角度看，最好的選擇當然是夫妻和睦、親子關係良好；次之是夫妻有無法解決的問題，和平分手，各自對孩子好；第三是夫妻有無法解決的問題，分手了也不能好好相處；排在最後的是夫妻有無法解決的問題，經常發生衝突。也就是說，在一個家庭裡，父母和孩子如果只是形式上的完整，是遠遠不能滿足孩子健康成長的需要。

家庭諮商領域常說一句話：「良好的婚姻關係，是父母送給孩子最棒的禮物！」

關係比輸贏更重要

他們夫妻的諮商每週一次地進行著。對過去關係的重溫、對未來關係的憧憬、兩個人為了孩子相互支持的決心，對彼此、對孩子都產生了很大的影響。

他們把諮商室裡發生的部分內容告訴了兒子，並跟他道歉，因為兩個大人之間的事情讓他過得不開心；從要求他、下意識拉他站在自己這邊，到關心他的痛苦，傾聽他的苦惱。他們對孩子表示，即使是為了他，他們兩個也一定要改變自己、改善關係，創造一個和諧的家庭環境，並邀請兒子「監督」他們。

當他們把諮商室裡體驗到的「感受」跟兒子核對時，兒子很驚訝，他沒有想到父母竟然以這種方式理解了他的困境，其實之前他自己也不太明白是怎麼回事。儘管一開始他還將信將疑，甚至要考驗他們的誠意，但慢慢地他相信了父母，終於願意和他們交流了。他表示，自己也要做好自己的事情，讓父母少操心。

諮商三週後，他們約定要定期召開家庭會議，坦誠交流彼此在家庭、生活中遇到的難題，並設定了四條規則，兒子是監督人：（1）抱著善意去傾聽；（2）謹慎給出建議，僅供對方參考；（3）禁止評判打擊；（4）如果有一個人做得好，另外兩個人要給予表揚，或是買小禮物。

他們夫妻的關係在明顯改善，從覺察「從對方那裡要不到愛，不等於不需要愛」，到接納「有時關係不順是差異，而不是對錯」等；理解彼此過去的經歷對他們的影響，學習和實踐夫妻之間的溝通方式。

有一些改變之後，我問他們：「你們夫妻之間存在的最大難題是什麼？為什麼必須靠互不理會來解決？」

答案是，如果兩人有不同意見，亦芳指責趙威，趙威就必須認輸，否則後果會很嚴重，她有時會鬧得天翻地覆，甚至離家出走。慢慢地，趙威不願意每次都當認錯的那一個，又懼怕她這種視死如歸的潑辣，開始迴避問題，結果漸行漸遠。

我慢下來，問亦芳：「這種一定要贏的時候，感覺是怎樣的？」

「很憤恨、孤獨、難過。」關於憤恨，她說，好像自己有個信念：「在這個婚姻中，我就是要『打垮』你、『擊倒』你，你一個大男人怎麼就不能讓著我！」她突然有點不好意思地笑了，「說出來感覺就像個小孩一樣。」

我也笑，說：「是啊！這個小孩還很厲害。所以，你有一個觀點——『男人必須讓著女人』，是嗎？聽起來你擁有這個觀點很多年了。」

她點點頭說：「應該是，我確實希望他讓著我。」

我問她：「你用打垮他、擊倒他的方式逼迫他退讓，你真正想要的是什麼？」

亦芳回答：「男人就應該堅強啊，就算有時對他過分一點，他應該也承受得住吧。」然後她慢下來：「真正想要的……就是希望他……重視我、寵我，讓我知道我對他來說很重要。」

我停頓了一下，點點頭問亦芳：「重要到你『打垮』『擊倒』他，他也捨不得離開你？」亦芳承認，好像她潛意識就是認為的。

我說：「那我們問問本人，你這麼過分他到底承不承受的了？」然後轉向趙威，問他：「亦芳說不打垮你、不擊倒你誓不罷休的時候，你感覺如何？」

趙威搖搖頭：「我可沒有她想的那樣堅強……比如她離家出走吧，有一次是晚上，我心裡很著急，害怕她出事，打電話問了幾個熟人都沒有消息。不太熟的人我又不好意思打聽，而且也不能報警吧？真是不知所措……我覺得很委屈，真拿她沒辦法。」每當這種時候他就覺得自己特別沒用。

我對他點點頭，轉身問亦芳：「你相信他說的這些嗎？」

亦芳望著窗外，那裡銀杏葉黃，秋意正濃。她回過頭來嘆了口氣：「唉！應該是這樣吧……我這樣做是有點過分了。」

我問她：「這是你讓他重視你、寵你的唯一方式嗎？……能不能用別的方式，比如直接問他是不是重視你、在乎你，你在他心裡是不是重要的？」

亦芳搖搖頭笑了：「當然不是唯一方式。不過這些還需要問他嗎？」

我回頭問趙威：「那麼，你知道她需要這些嗎？你在內心重視她、在乎她嗎？她對你來說重要嗎？」

趙威肯定地說：「當然啊，我重視她、在乎她，她對我很重要，我只是沒有對她主動表達過。」他自我檢討：「我這人就是嘴笨不會表達。」

很好的機會，我們現在就練習。我請他們相對而立，先聯結美好的家庭願景，花一點時間溫和地看看對方，然後趙威直接表達：「亦芳，我很重視你，很在乎你，在我心裡你非常重要。」

他們溫和相望的時候，亦芳的眼裡就已經噙滿了淚水；再經趙威這麼一說，她往前投入趙威的懷抱，哭了。

直接表達需求，對方才能更清楚，也更容易滿足自己；即使是夫妻，也很難知道每個當下彼此的需求。

看到肯定的言辭在亦芳這裡特別受用，趙威又不善言辭，我想了想，請他們夫妻倆可以嘗試玩個小遊戲，我取名為「我教你說」。

遊戲可以在任何夫妻單獨相處的時刻進行，比如晚上睡前，利用一、兩分鐘時間，亦芳做為「教」的人，把想聽到的話自己說出來，趙威做為「學」的人，再把話學著說出來。

他們當場試玩。亦芳說：「你說，我對你很重要。」趙威說：「你對我很重要。」

亦芳說：「說你不會離開我。」趙威說：「是，我不會離開你。」直到亦芳變本加厲，堅持要讓趙威說：「說你離開我你就活不了。」趙威看看我，我點點頭，他憨笑著說了：「嗯嗯，離開你我就活不了。」說完，我們三個一起哈哈大笑。亦芳覺得很滿足，趙威也覺得這方法很好，該說什麼就說什麼，很簡單。

孩子在家裡已經有了很大的變化，上網的時間少了，也正常上學了，儘管學習遇到一些困難讓他沮喪，但他願意想辦法趕上，而且已經開始向老師求助了。

最後一次諮商，他倆達成共識：在家庭裡，人是最重要的，關係是最重要的。**人和關係比對錯更重要、比輸贏更重要、比說了什麼和做了什麼更重要。**

諮商師解讀

親密關係在家庭中的重要地位

相互影響的三種家庭關係

家庭中往往有好幾種關係同時在運行，概括起來，主要是「三大支柱性關係」，即親密關係、親子關係和手足關係。這些關係是相互影響的。

例如，案例十五中，夢琳和清州父母的關係，嚴重影響了她和清州之間的親密關係。儘管實際上在一起十幾年了，他們夫妻倆不曾有過大的爭執，但是夢琳「想到住在一起就有壓力」，少有的幾次吵架「都和他的父母有關」。特別是，這次在購屋問題上出現分歧時，「在父母和我之間，他竟然要放棄我」，不僅夫妻倆彼此說出了讓對方傷心的話，甚至還鬧到了離家、分居、分手的地步。

案例十六中，亦芳和趙威之間的親密關係嚴重影響了親子關係。他們夫妻倆因為溝通不順等問題，從相互抱怨、相互指責，到互不理睬，關係疏離甚至斷裂，他們一家三口的三角關係變成了「＜」，即他們分別和孩子的關係都是真實的，而他們夫妻之間則互相無視。他們認為這個婚姻「只是為了孩子」。在亦芳那裡，「只要他也對我兒子好，我就可以不和他離婚」；在趙威那裡，他從小受夠了沒有父親陪伴的痛苦，不想讓兒子重蹈自己的覆轍。然而，這樣的願望不僅沒有達成，卻反而把孩子置於更艱難的處境。兒子感到矛盾、害怕、無助，選擇躲在自己的世界裡……也導致他在家庭和學校都出了問題。

親密關係是一個包含兩人的情感系統，同時又被納進包括雙方父母、兄弟姊妹等親戚在內的更大的家庭、家族系統中，也包含在與孩子組成的小家庭系統中，成為其中的子系統。當然還有更外層的系統，比如朋友、同事等，我們這裡暫且不提，只把這些系統簡單概括為「親密關係」、「大家庭系統」和「小家庭系統」。不管是在小家庭中和孩子的關係，還是在大家庭中和任一方原生家庭成員之間的關係，都會和親密關係相互影響。

親密關係是主要關係

在小家庭系統中

小家庭中的關係，主要包括親密關係（即婚姻伴侶關係）和親子關係，**親密關係處於主要位置**。良好的親密關係更容易帶來良好的親子關係，良好的婚姻關係是父母送給孩子最好的禮物，反之亦然。

一般來說，親密關係品質的高低對孩子的影響，體現在以下三個方面：

首先是影響孩子的安全感。孩子（特別是年齡較小的孩子）的世界，基本上就是父親母親，如果孩子感覺到父母是安全、穩定、不會分開的，心裡會感到踏實、安穩、有依靠，否則，就會處於擔心和莫名的恐懼中。

其次是影響孩子的責任感。父母之間的關係有問題，對孩子責任感的影響，可能表現為兩種截然不同的形式：一種是「不負責任」。父母關係不好，孩子會下意識地想辦法做點什麼，如亦芳兒子剛開始，「離媽媽近一點，想討好媽媽，不太敢指責爸爸」，這是在努力讓父母的關係緩和；時間長了，他感到害怕，發現自己對此無能為力，於是埋首於自己的世界，「希望找個地方躲起來，這樣就看不見、聽不見他們爭吵了」，對周圍的人不再關心；內心痛苦，但表現出麻木、不負責任的態度。另一種是「過於負責任」。孩子都期待父母關係和睦，過於負責的孩子常常認為自己在父母的關係上是有責任的。比如，如果孩子認為父母不和是因為自己做錯了什麼，他可能會選擇「更乖」或做更多，去「拯救」父母的婚姻，從而背負起不該由孩子背負的責任，容易影響孩子的自我價值感。

最後是影響孩子對親密關係的處理。親密關係裡如何和對方相處，孩子看得最多、最清楚的是自己的父母。兩個人怎麼表現高興？如何處理意見的分歧？怎麼化解衝突？孩子都在成長過程中潛移默化地學會，並把這些帶到將來自己的親密關係中。

在大家庭系統中

大家庭的關係系統主要包括三大支柱性關係，即親密關係、親子關係和手足關係，三者之中，**親密關係仍然是主要關係**。

在大家庭中，親子關係不僅包括年輕父母和未成年子女之間的關係，也包括成年子女和年長父母之間的關係，如清州、亦芳和女兒的關係，和清州父母的關係都屬於親子關係。在很多案例中，成年子女若擁有良好的親密關係，將有利於促進其他關係的和諧發展。

以婆媳問題為例，婆媳之間產生不和，大部分原因也是源於差異：兩代人的差異、兩個不同家庭的差異、兩個不同個體的差異等，使得不同的生活習慣、價值觀念、情緒表達方式都會發生碰撞，矛盾不可避免。

一方面，成年子女良好的親密關係，會讓他們顧及配偶或伴侶的感受，願意和上一代求同存異，儘量少起爭執。例如，在婆婆一氣之下跑回老家時，夢琳即使內心委屈，還是願意顧全大局向婆婆道歉，這和先生對她的理解、兩人之間沒有大的矛盾是息息相關的。面臨婚姻即將解體的壓力，夢琳願意尋求幫助，一個重要關鍵也在於，在一起十幾年了，他們倆之間不曾有過大的爭執，「因為他的父母而離婚，夢琳真的心有不甘」。

另一方面，成年子女良好的親密關係也會讓上一代如公婆，因為自己的孩子感覺幸福而更加寬容和接納。父母都希望子女夫妻恩愛、家庭和睦。做為上一代，如果兒女滿意他的伴侶，他們在一起是幸福的，即使有些事情看不慣，即使有些委屈或不滿，也不願意讓兒女為難，較願意選擇容忍或避開；相反，成年子女的親密關係越是存在問題，父母越容易出於解決問題、幫忙調節等初衷介入進來，很多時候卻會使問題變得更加複雜。

所以，在這個意義上，良好的夫妻關係也是送給父母和家庭的最好禮物。

好的關係是既聯結又有界限

家庭主要由血緣和姻緣關係建立起來，有緊密的血脈傳承和溫暖的情感聯結，人們在家庭中獲得愛、付出愛、感受和體驗愛，幸福的家庭是情感流淌的溫暖港灣。薩提爾模式導師林文采博士說過，好的婚姻是最接近天堂的地方，人們在親密關係和家庭中，可以體驗到最緊密的聯結。

同時，家庭其中的每個人（特別是成年人）都是獨立的個體，他們有自己獨立的思想、願望和人生目標，他們既有很多相同，又有很多不同。所以，這樣緊密的情感聯結是建立在每個成年人都為自己負責的基礎上，如果一個成年人打算為另一個成年人負責任，比如過多限制或替對方決定，就容易造成混亂，界限模糊，影響到後者的空間和自由，前者也會背負太多。常見的家庭衝突往往是這樣引起的。

比如，在孩子的教養方式上，夢琳和婆婆的願望毫無疑問是一致的，都希望孩子健康快樂地長大，然而在具體做法上出現分歧也在所難免，需要彼此尊重、協商。從責任的角度講，教養孩子的責任無疑是落在父母身上，長輩來幫忙，儘量不要過分插手，更不要「態度強硬」。

出現分歧更需要好好溝通。比如在吃藥這件事，夢琳需要在處理好自己情緒的前提下和婆婆溝通，理解婆婆照顧孩子的辛苦，和想讓孩子儘快好起來的初衷，表達自己的擔心，提出自己的建議。切記，先處理心情，再處理事情。

即使在親密關係的兩人世界中，也有「聯結」與「界限」的問題。兩個人有「你」、「我」、「我們」三個部分，每個人都需要有自己的空間、時間和需求，也有「我們」一起的空間、時間和需求，前者體現的就是「界限」，後者體現的則是「聯結」。這也適用於擴大的「你家」、「我家」、「我們家」這三個部分，都是需要照顧到的。

什麼樣的界限才適當呢？由於每個人的成長經歷、個人體驗不一樣，界限的程度也不相同。

比如，很明顯的是，夢琳和自己父母的界限，與清州和他父母的界限是完全不同的，清州和父母間的那條線是粗且短的，夢琳和父母間的那條線是細且長的。這沒有誰對誰錯，而各有其產生和形成的理由和歷史。清州選擇這樣做，是因為他認為「父母養大他們三個孩子太不容易了，家裡負擔重，他當老大的多做一些才心安」，「他們家人之間好像有著濃得化不開的親情」，家裡任何人發生任何事，都會成為大家共同的事情。很可能，清州和他的原生家庭之間有更多的聯結、較少的界限，這是歷史，也是現實。夢琳能做的是接納這個現實，即使不喜歡，也接納，而不是要強行改變，除非清州自己願意改變，否則會讓事情更糟。她自己能得出「既以情相繫，又有一定的界限」的結論，就是很好的示範。

也就是說，關於理想的「和父母之間的關係」，每個人的解讀都不一樣，比如夢琳和清州，好在他們彼此都不要求對方和自己一樣。

林文采老師曾經說，「尊重在愛之前，在溫暖之前。」這不單單適用於親密關係，對於其他家庭成員，無疑也是適合的。和父母的關係多近多遠才感到舒適，每個人的感受都是不同的，即使是親密關係中的兩個人，也需要彼此的理解和尊重。

致謝

這本書的出版，首先得益於和《婚姻與家庭》雜誌一份美好的機緣。二〇一六年冬，在一個薩提爾模式工作坊裡，我與《婚姻與家庭》雜誌的編輯職冬娜女士相遇，她建議我為雜誌的兩性專欄〈這個婚姻有救嗎？〉寫一些文章，以心理諮商案例的形式，讓讀者看到婚姻問題中的「盲點」，以及案主在心理諮商師的陪伴下，一步步走出困境的過程。

這和我一直以來關於寫作的一個願望不謀而合。

我學習和從事心理諮商工作十幾年，學習薩提爾模式整整十年，在工作坊和諮商室裡見證了太多激動人心的時刻。案主在諮商師的陪伴下，覺察、體驗、轉化自己，聯結內在力量的過程，就像一次次驚豔的心靈之旅。我希望能把這些美妙的轉變，以某種適合的方式呈現在讀者面前，讓讀者借由案主的歷程，產生體驗和共鳴，從中受益，開啟成長的旅程。

出於保密和方便讀者閱讀的雙重原因，我嘗試了心理諮商小說的形式。也正是在這樣一篇篇故事的寫作過程中，形成了本書的架構和思路。

非常感謝職冬娜編輯的信任，感謝賈方方、田祥玉兩位編輯的智慧和辛勞！她們和我討論選題、催促稿件、提出修改意見……沒有她們，就沒有這本書的出版。

二〇二〇年正值我學習薩提爾模式十週年，回顧十年來成長變化的歷程，很多感動源源不斷地湧上心頭……自從二〇一〇年五月的那個夏天，我第一次走進薩提爾模式的工作坊，就被它洞察人性、尊重人的價值、提升生命能量的巨大魅力深深地吸引。從此，堅持學習薩提爾模式成為一種享受、一種生活方式。

十年來，我幾乎每年都會走進薩提爾模式的工作坊進行學習和體驗，師從約翰・貝曼老師、瑪莉亞・葛莫利老師、沈明瑩老師、林文采老師、安娜（Anna Maria Low）老師等；參加個人成長工作坊、親密關係工作坊、自我關愛工作坊等，上的時間最長的是約翰・貝曼老師的「薩提爾模式轉化式系統治療專業工作坊」。正是從這些老師身上、從這些課程裡，我如饑似渴地汲取營養，走上了一條個人成長和專業諮商師成長的道路。

許多有關薩提爾模式、親密關係方面的書籍，工作坊裡的上課講義等，我都不只一遍地精讀過，它們既是滋養我的另一個途徑，也是這本書——特別是「諮商師解讀」部分的重要參考（詳見附錄）。

謹以此書獻給我尊敬的每一位薩提爾模式的老師，請允許我以這樣的方式表達我對他們的感恩之情。

感謝我的薩提爾模式專業課導師約翰·貝曼博士、我的心理學研究所導師林丹華教授、著名家庭教育專家劉稱蓮老師、北京廣播電視臺主持人米夏女士、《婚姻與家庭》雜誌資深編輯賈方方女士，感謝他們欣然為本書做序推薦（指中國版）！

感謝幫我聯繫貝曼老師，辛苦付出的郝宗媛老師，感謝在這一過程中幫我進行中英互譯的管宇博士！

感謝我的先生和兒子，感謝他們對我的支援，感謝他們在生活中給我最直接、最真實的回饋，讓我從中學習、練習和體悟。

感謝我們薩提爾四人小組在過去近九年裡持續不斷的互相支持和陪伴，感謝一起學習薩提爾模式的各位同學，有機會和大家一起結伴前行是我的榮幸！

感謝我的同學、朋友、我的案主們，我從他們的故事裡獲得寫作的靈感和啟發。儘管本書沒有一篇是真實的某人的諮商故事，但也沒有一篇是完全憑空的想像。

感謝中國法制出版社的策劃編輯李佳、責任編輯劉陽，也感謝其他工作人員的辛勤付出，使本書得以成為今天的模樣。

最後想說的是，不管是做為諮商師、寫作者，還是親密關係中的我，都在不斷學習的道路上，本書還有很多不成熟之處，歡迎看到此書的有緣人不吝賜教，我先在這裡表達感謝。

王俊華

二〇二〇年八月

附錄

在本書寫作的過程中，主要參考了以下圖書或講義：

1. 維琴尼亞・薩提爾（Virginia Satir）、約翰・貝曼（John Banmen）、珍・歌柏（Jane Gerber）、瑪莉亞・葛莫利（Maria Goromi），林沈明瑩、陳登義、楊蓓譯（1998）。《薩提爾的家庭治療模式》（*Tht Satir Model: Family Therapy and Beyond*），張老師文化出版。
2. 約翰・貝曼主編，鐘谷蘭等譯（2009）。《薩提爾轉化式系統治療》（*Satir Transformational Systemic Therapy*），中國輕工業出版社出版。
3. 約翰・貝曼主編，鐘谷蘭譯（2009）。《薩提爾冥想：內在和諧、人際和睦與世界和平》（*Meditations of virginia Satir*），中國輕工業出版社出版。
4. 李崇建（2015），《心教：點燃每個孩子的學習渴望》，寶瓶文化出版。

5. 佛洛姆（Erich Fromm），孟祥森譯（1969）。《愛的藝術》（*The Art of Loving*），志文出版。
6. 麥基卓（Jock McKeen）、黃煥祥（Bennet Wong），易之新譯（2017）。《新關係花園》（*The Relationship Garden*），張老師文化出版。
7. 克里斯多福・孟（Christopher Moon），余蕙玲、張德芬譯（2014）。《親密關係：通向靈魂的橋梁》（*Relationship: Bridge to the Soul*），漫步文化出版。
8. 蓋瑞・巧門（Gary Chapman），王雲良、蘇斐譯（2021）。《愛之語（增訂版）：永久相愛的祕訣》（*The 5 Love Languages: The Secret to Love that Lasts*），中國主日學協會出版。
9. 娜妲莉・高柏（Natalie Goldberg），韓良憶譯（2016）。《心靈寫作：創造你的異想世界》（*Writing Down The Bones: Freeing the Writer Within*），心靈工坊出版。
10. 約翰・貝曼。《薩提爾轉化式系統治療專業課講義》。
11. 瑪莉亞・葛莫利。《薩提爾模式親密關係工作坊講義》。

12. 安娜（Anna Maria Low）。《薩提爾轉化式系統治療專業課講義》。
13. 林文采。《薩提爾家庭治療專業技術連續文憑課程講義》。

HEART
心|視野 心視野系列 082

薩提爾的親密修復練習

作　　者　王俊華
總 編 輯　何玉美
責任編輯　洪尚鈴
封面設計　FE 設計 葉馥儀
內頁排版　theBAND · 變設計— Ada

出版發行　采實文化事業股份有限公司
行銷企劃　陳佩宜 · 黃于庭 · 蔡雨庭 · 陳豫萱 · 黃安汝
業務發行　張世明 · 林踏欣 · 林坤蓉 · 王貞玉 · 張惠屏
國際版權　王俐雯 · 林冠妤
印務採購　曾玉霞
會計行政　王雅蕙 · 李韶婉 · 簡佩鈺
法律顧問　第一國際法律事務所　余淑杏律師
電子信箱　acme@acmebook.com.tw
采實官網　www.acmebook.com.tw
采實臉書　www.facebook.com/acmebook01

I S B N　978-986-507-420-3
定　　價　360 元
初版一刷　2021 年 09 月
劃撥帳號　50148859
劃撥戶名　采實文化事業股份有限公司
　　　　　104 台北市中山區南京東路二段 95 號 9 樓
　　　　　電話：(02)2511-9798　傳真：(02)2571-3298

國家圖書館出版品預行編目資料

薩提爾的親密修復練習 / 王俊華著 . -- 初版 . -- 臺北市：
采實文化事業股份有限公司 , 2021.09　面；　公分 . -- (心視野系列 ; 82)
ISBN 978-986-507-420-3(平裝)
1. 家庭關係 2. 兩性關係 3. 生活指導
544.1　　110007956